1030 청춘 시대의 필독서
청춘의 힘, 젊음의 희망, 청춘의 힌트

청 춘 시 대

_____님께

항상 건강하시고, 행복하세요.

_____드림

저자 약력

▎김인현

일본의 메이지대학, 도쿄가쿠게이대학, 히로시마대학 등에 10년간 문부성국비유학
와세다대학 객원교수, 히로시마대학 객원교수, 한국일본어교육학회 회장
현재 : 조선대학교 외국어대학 교수, 교육학박사, 평생교육원 원장 역임.
저서 : 4개 국어 여행회화, 종합일본어백과, 무궁화와 사쿠라, 21세기 한일관계의
　　　연구, 일본의 명작 20편을 1시간에 읽는다, 일본사정, 10대의 꿈과 희망,
　　　한국의 일본어교육, 독도문제, 야스쿠니진자문제, 위안부문제 등.
초·중·고·대학과 사회에서 한국과 일본을 비교하는 특강과 강연활동을 하고 있음.

▎김정구

전남대학교를 졸업하고 일본에 유학하여 메이지대학에서 정치학 석사학위를 취
득하고, 히로시마대학에서 정치행정학 박사학위를 취득함.
한국정치학회, 한국동북아학회 이사
현재 : 동신대학교 인문사회과학대학 교수, 도서관장 역임.
저서 : 현대일본의 이해, 일본사정, 종합일본어백과, 한일지방자치제도의 연구, 한·
　　　일경어의 대조연구, 일본의 옛날이야기 18편을 1시간에 읽는다, 일본문화
　　　의 이해, 4개 국어 여행회화, 남도 자전거여행, 10대의 꿈과 희망, 청춘시대
　　　등의 10여 권의 책과 논문을 집필함.

청춘시대

초 판 인 쇄	2017년 08월 14일
초 판 발 행	2017년 08월 21일
저　　　자	김인현 · 김정구
발 행 인	윤석현
발 행 처	도서출판 박문사
책 임 편 집	최인노
등 록 번 호	제2009-11호
우 편 주 소	서울시 도봉구 우이천로 353 성주빌딩 3층
대 표 전 화	02) 992 / 3253
전　　　송	02) 991 / 1285
홈 페 이 지	http://jnc.jncbms.co.kr
전 자 우 편	bakmunsa@hanmail.net

ⓒ 김인현 · 김정구, 2017. Printed in KOREA

ISBN 979-11-87425-41-0　03190　　　　　　　　　　　정가 16,000원

1030 청춘 시대의 필독서
청춘의 힘, 젊음의 희망, 청춘의 힌트

청춘시대

김인현·김정구 공저

머리말

　1030! 청춘 시대에 자신의 인생人生이 결정된다는 것을 명심하자! 이 책은 1020대의 청소년靑少年 시절을 극복하고, 2030대의 힘든 청춘시대靑春時代를 즐겁게 생활하면서 공부하고 꿈을 실현할 수 있도록 담대한 용기와 올바른 지름길을 안내하는 책이다.

　21세기는 국제화의 교류가 활발하여 세계무대에서 활동하는 시대이다.
　100세 시대 9988하게 세상을 살면서, 자신의 미래를 설계하는 장단기長短期의 치밀한 계획을 세울 필요가 있다.

　청춘의 시간은 물처럼 한 번 지나가면 다시 돌아오지 않는다.
　소중한 자기 자신의 시간을 효과적으로 잘 사용하고 관리해야 자신의 힘을 기를 수 있다. 일상생활에서 긍정적인 태도로 세상을 보자.
　용기와 자신감을 가지고, 오늘 현재를 도전과 열정으로 충실하게 살아가야 미래가 보인다는 사실을 깨닫기 바란다.
　모든 일은 긍정적으로 상대방의 입장에서 생각하고, 적극적으로 행동해야 쉽게 해결할 수 있다. 1020시대에 자신의 꿈과 비전을 업그레이드 한 사람만이 3040시대에 멋지고 행복한 삶을 살 수 있다!

사랑하는 청소년들과 대학에서 오랫동안 함께 생활해 온 교수로서 오늘의 청소년 문제를 함께 생각하고 해답을 찾고 있는 세계의 젊은이들을 위해 성현聖賢들의 말씀을 참고하여 이 책을 엮었다.

특히, 젊은 시절의 맑고 청명한 꿈과 희망, 자신의 존재를 느끼며 살아가는 보람된 인생의 행복과 건강을 위해서, 삶의 경험과 성공의 습관과 리더십에 관한 내용 등을 소개하여, 청년들의 자기계발에 조금이라도 도움이 되기를 바라는 마음을 담았다.

젊은 시절의 열정과 좌절, 실패를 성공으로 바꾸는 인생의 지혜와 성공한 사람들의 삶을 통해 노하우를 찾아 실천한다면, 자신의 꿈도 이루어지고, 즐거운 미래도 찾아올 것이다.

"천재는 노력하는 사람을 이길 수 없고, 노력하는 사람은 즐기는 사람을 이길 수 없고, 즐기는 사람은 몰입하는 사람을 이길 수 없다."는 말처럼, 뭐니 뭐니 해도 가장 중요한 것은 "나도 할 수 있다. 나도 된다." "내일이 있다."는 자신감을 가지고 맡은 일에 몰두하는 습관을 익혀야 승리 할 수 있는 것이다.

학창시절學窓時節에 정신을 못 차리고, 오늘의 목표와 내일의 꿈도 없이 어영부영 놀면서 헤매고만 있다면 언제 정신을 차릴 것인가?

청년 시절에 스스로 노력하고 공부하려는 생각도 없고, 의지력도 힘도 생기지 않는 사람이 학원에 가고, 과외를 받아봐야 '밑 빠진 독에 물 붓기'와 다름없지 않는가?

자신에게 알맞은 실행이 가능한 현실적인 계획표計劃表를 만들어야 한다. 구체적인 장단기 목표를 세워야 하고, 항상 자신의 희망希望과 목표目標 중에서 지금 현재 자신에게 가장 중요한 소원素願을 제일 먼저 실행할 줄 알아야 성공한다.

　실행이 불가능한 꿈과 계획은 시간과 노력과 돈을 낭비하는 연습에 불과하다. 사람은 생각이 달라지면 행동이 달라지고, 좋은 행동은 좋은 습관을 만든다.

　어려서부터 과외를 받고, 부모님이 시키는 대로만 학교와 학원들을 왔다 갔다 하다 보니, 혼자서 스스로 공부하는 방법을 모르거나 책을 읽는 습관에 익숙하지 않은 수동적인 청소년들이 늘고 있어 안타깝다.

　서점에는 온갖 종류의 공부하는 방법에 관한 책들은 넘쳐나고 있지만, 가장 중요한 방법인 스스로 공부하는 습관과 동기를 유발시키고, 청년들의 운명을 바꿔 줄만한 인생 공부의 책은 잘 보이지 않아서 아쉬웠다. 1030인생은 지금부터이다!

　청년(15~29세)실업률이 10~20%인 세상에서 오늘의 목표와 내일의 꿈을 잃고 취업을 못해 울고 있는 청춘들의 참혹한 현실을 안타깝게 지켜보면서, 젊은이들에게 조금이라도 위로와 격려가 되도록 졸필拙筆이나마 용기를 내었다.

　이 책은 급변하는 세상 속에서 세계인으로 살아가면서 부딪히게 될 큰 변화에 신속하게 대처하고 정정당당正正堂堂하게 맞설 수 있도록 최신의 정보와 상식, 교양으로 구성된 다양한 지식을 제공하고, 삶의 힌트를 통해 꿈과 희망을 잃은 젊은이들에게 꿈과 희망과 삶의 지혜를 불어넣을 수 있도록 엮은 인생의 강의이자 나침반이다.

　힘이 샘솟는 오늘, 지금, 현재 우리 청년들이 스스로 노력해야 후회가 없을 것이다. 지금 시작하라!
　인간은 유년기(아동기), 청소년기(사춘기), 성인기(30대), 중년기(40대), 갱년기(50대), 장년기(60대), 노년기(70대), 장수기(80대)로 나눌 수 있을 것이다. 이렇게 긴 삶을 사는 우리 인간은 부지런히 배우지 않으면 100년 동안 살면서 후회하고 힘들어진다.

　"인간은 결국 자신의 그릇만큼의 인생밖에는 살 수가 없다."고 사르트르는 말했다.
　여러분이 이 책을 통해 꿈과 비전이 넘치는 젊은이로 성장하고, 가정에 행운과 웃음이 함께하길 바란다.
　오늘도 부모님들은 아들딸들이 건강하고 행복하기를 진심으로 기원하신다.

2017년 봄날
무등산에서 저자 씀

Chapter 06

청춘시대의 삶

Chapter 01

청춘의 노트

청소년青少年 시절은 인생人生의 황금기黃金期이다！
21세기世紀의 꿈과 희망希望을 가진 청소년들이여！

1020 청소년기는 희망과 실수의 연속이다.

2030 청년기는 꿈과 투쟁의 나날이다.

4050 장년기는 낭만과 후회의 시간이다.

젊음의 노트

청춘시대靑春時代인 1030대에 자신의 행동과 습관이 자기 자신의 인생의 길에 힘이 되고, 젊음의 노트가 되어 운명을 개척하고, 삶의 질質을 결정한다는 사실을 명심하고 웃으면서 뛰어야 후회하지 않는다.

"어려서 배우면 청년 시절에 유익하고, 청년 시절에 배우면 늙어서 쇠퇴하지 않고, 늙어서 배우면 죽어서도 썩지 않는다."라는 말처럼, 학문은 살아있는 실생활에 큰 도움이 된다는 사실을 명심하고 배울 수 있는데까지 배워야 한다.

성공의 비결과 지혜가 담겨있는『논어論語』,『명심보감明心寶鑑』,『탈무드』,『채근담菜根譚』,『도연초徒然草』같은 좋은 책을 여러 번 읽으면 99세까지 88하게 살아가는 삶에 큰 도움이 된다.

청년 시절에는 고전古典 및 자기계발서와 실용서의 다독과 정독이 참으로 중요하다.

성공成功이란? 자신의 노력의 대가代價이다.

자기가 재미있고 잘 할 수 있는 일에 즐겁게 몰입하여, 더욱더 집중하고 열심히 노력해야만 능력과 힘이 생기게 되고, 준비해야만 기회와 행운도 따르게 되어 성공할 수 있는 것이다.

세상을 살다보면 자신의 콤플렉스와 인간적인 박탈감으로 엄청난 스트레스를 받게 되지만, 괴로울 때는 눈물로 반성의 일기日記를 써보고, 조용한 음악을 감상하면서 내일을 다시 설계하는 시간의 여유가 젊은이에겐 더욱더 필요한 것 같다.

국제화 시대에 언어는 삶을 풍부하게 만들어 주고, 자신을 개발하는 도구로써 인생의 길잡이 역할을 할 수 있다.

공부工夫란? 자신의 몸과 마음을 닦고 살아가는 방법을 배우는 것이다. 우리가 배우는 목적은 꿈을 실현시키고, 여유 있는 생활을 하고 봉사하는 삶을 살기 위해서이다. 사람은 아는 만큼 볼 수 있는 존재이기 때문에, 큰 인물이 되어 다른 사람에게 도움이 되고자 한다면 일단 내가 많이 알아야 하는 것이다.

세계는 넓고 집념과 끈기로 노력하면 할 일은 많다. 21세기에 필요한 융합형 인재가 되자.

젊을 때부터 꿈과 용기를 가지고 정신 차려서 열공해야 성공할 수 있다.

소중한 삶을 품격 있게 살아가기 위해서는 용기 있게 행동하고 인생을 가치 있게 살아야 한다.

프랑수아 를로르는『꾸뻬씨의 행복여행』에서 "모든 여행의 궁극적인 목적지는 행복이다"면서 다음과 같이 말하고 있다.

"춤추라, 아무도 바라보고 있지 않은 것처럼.

사랑하라, 한 번도 상처받지 않은 것처럼.

노래하라, 아무도 듣고 있지 않은 것처럼.

살라, 오늘이 마지막 날인 것처럼."

행복이란? 작은 기쁨과 작은 쾌락의 합계이다.

행복은 자신이 좋아하는 일을 하면서 사랑하는 사람과 함께 있는 것이다. "말이 씨가 된다"는 속담처럼 불평불만만 말하는 사람은 행운보다 불행이 찾아온다.

세상만사世上萬事는 참고 용서하는 겸손하고 관용적인 사람이 되는 것이 좋지만, 그렇다고 자신을 너무 비하해서는 안 된다.

청년 시절에는 항상 최선을 다해 도전挑戰해야 길이 보이고, 세상이 필요로 하는 능력 있는 사람이 될 수 있도록 노력해야 한다.

청년 시대에는 너무 무식하거나 비정상이 되지 않도록 최선을 다해서 더욱 더 강하게 전심전력으로 노력해야 성공 할 수 있다는 사실을 명심해야 한다.

남의 사소한 잘못은 너그러이 봐주고, 남의 비밀은 폭로하지 않고,
남의 과거의 악행은 생각하지 않는다.　　　　　『채근담』

젊은이의 5가지 기본조건

1. 즐겁게 배우는 자세가 필요하다.
2. 청춘시대에 지식과 지혜를 쌓아야 한다.
3. 자신 있게 행동하는 적극성을 길러야 한다.
4. 창의력과 집중력을 키워야 한다.
5. 분별력과 판단력判斷力을 갖춰야 한다.

청춘시대靑春時代는 고민하는 힘에서
멋지게 일어서는 자기혁명이 필요한
시기時期임을 명심銘心해야 할 때이다

청춘시대의 인생역전

자기自己 자신自身의 가치를 자신이 인정하고 소중히 할 줄 알아야 한다. 높은 이상理想을 품고, 외국 여행旅行이나 유학留學을 하면서 시야를 세계로 넓히는 개척정신을 기르는 것도 좋은 방법이 될 수 있다.

자신의 꿈을 실현하려면, 자신감과 용기를 가지고 적극적으로 뛰어야 된다. 청년 시절을 성실하고 뜻있게 보내면, 꿈과 희망의 밝은 내일來日이 찾아온다. 제1, 제2 목표를 가져야 한다.

개성과 진취적인 생각을 가진 1030대의 젊은이답게 제1 목표, 제2 목표를 세워야한다. 용기있고 정의롭고, 양보할 줄 알고, 남을 배려할 줄도 아는 이순신李舜臣장군 같은 훌륭한 사람이 되도록 노력해야 인간으로서 보람된 삶을 느끼며 살아 갈 수 있다.

이순신 장군이 명량해전에서 13척의 배로 133척의 일본 배를 물리칠 수 있었던 것은 한 번에 하나씩 집중적으로 공격하면 약자도 이길 수 있다는 병법兵法의 기본 원칙에 충실했기 때문이다. 원칙은 때론 번거롭지만 기본은 항상 무시할 수 없는 것이다.

"생각의 씨를 뿌리면 행동行動의 열매를 얻고, 행동의 씨를 뿌리면 습관習慣의 열매를 얻고, 습관의 씨를 뿌리면 성격의 열매를 얻고, 성격의 씨를 뿌리면 운명運命의 열매를 얻는다."는 말처럼, 자신의 행동은 자신의 습관에서 나온다.

청춘시대靑春時代는 인생역전人生逆轉의 기회機會이다.
청춘 시절을 헛되게 보낸 약한 젊은이는 안타깝지만 정
말로 미래未來가 없다.

　　인생살이와 공부는 생각하기에 따라서 즐겁기도 하고 괴롭기도 하다.

　　하루하루를 뜻있게 보내지 않으면 훗날 통곡하며 크게 후회하게 된다.
무엇보다 자신과의 싸움이 중요하다.

　　먼저 인생의 목표目標를 정하고, 꿈을 향해 최선을 다해야 삶의 질質
이 높아지고 멋있는 인생을 살아 갈 수 있다.

　　취미와 적성을 잘 조화시킬 수 있어야 삶이 행복하다.

　　링컨 대통령이 "한 두 사람은 속일 수 있어도 모든 사람을
항상 속일 수는 없다."고 말했듯이, 오늘의 사회는 우리 주인공들
이 아름다운 사회로 만들어 가는 것이다.

　　안창호 선생께서 "힘은 단결해야 생기고, 속이면 단결할
수 없고, 거짓말은 나의 원수이다."라고 말씀하셨듯이 합심과
협력이 중요하다. 항상 반대만 하는 태도는 갈등을 부르고, 이윽고 큰
싸움이 되어 누군가에게 패배의 책임을 지게 만든다.

　　사회구조개혁의 분열갈등을 씻고, 서로 한발씩 양보하여 정情이 흐
르는 좋은 사회는 우리 모두가 함께 만들어나가는 것이다.

　　세상의 모든 일은 구성원들의 의견을 수렴하고 심사숙

고해서 철저히 준비해야 가능하며, 반드시 자기가 한 일은 책임을 져야 발전하는 것이다.

공자孔子님이 『논어論語』에서 "군자君子는 화이부동和而不同하고, 소인小人은 동이불화同而不和"라고 말씀하셨듯이, 대인大人은 서로 다르지만 화합하고, 소인小人은 서로 같으면서도 화합하지 못하는 것이 사람 사는 세상이지만, 서로 인정하고 존중해야 화합하고 발전할 수 있다. 세상살이가 생각보다 정의롭지 못할 수도 있으니 배움의 전당에서 서로가 반성하면서 교육의 장에서 배워야 고칠 수 있는 것이다.

허세보다는 진실로 행동하고, 배신보다는 정의를 사랑하는 사람이 되고, 쾌락보다는 명예를 위해 거부할 줄 아는 인간이 되어야 한다.

청년실업이 10%로 100만여 명이지만, 체면 때문에 저항도 못하고 벙어리 냉가슴 앓듯이 숨죽이며 살아가는 우리 젊은이들이 안쓰럽기만 하다. 눈물이 솟아나지만, 내일을 향해 그래도 힘차게 뛰어보자.

> 젊은이들의 마음에는 언제나 도전 정신이 있다.
> 힘은 희망뿐이 아니라 절망에서도 분출된다.
> 현명하게 문제를 해결하고 우직하게 계획을 수행하라.
> 과거의 일은 과거의 일로 내버려두라! 그것은 이미 지나간 일이다.
> -호메로스

2030 젊은 그대에게!

지금 시대를 살아가는 젊은이들의 불만은 무엇인가?

헬조선! 대한민국에서는 취업도 정말 어렵고,
사람을 무시하는 이상한 사람도 많고, 빈부차이도 심하고,
공부하기도 힘들다는 청년들의 목소리가 있다.

대학도 꼭 가야하고,
군대도 안 갈 수 없고,
도대체 왜 이런 일들이
대한민국에서만 일어날까?

참으로 웃지 못 할 현실이지만, 한국은 10년 동안 자살 1위를 차지하고 있다. 운명아, 비켜라 내가간다. 내 인생은 내가 만든다.

대한민국은 아직 선진국인 G7(미, 일, 중, 독, 영, 프, 레)에는 못 들어갔지만, GNP가 2만 7천 달러로 세계 13위인 중진국으로써 오늘도 뛰고 있는 나라이다!

교육열은 세계 최고이지만, 삶의 행복지수는 최하위인 나라가 대한민국이다.

우리 부모님들은 돈이 없으면 빌려서라도 학교 등록금과 비싼 학원비를 지불하면서까지 아들, 딸들이 잘 되라고 기도하고 기대하면서 피땀을 흘리고 계신다.

현재 유, 초, 중, 고, 대학까지 국립과 사립에 따라 다르지만, 납부금이 매월 10만원~50만원이고, 영어나 수학의 사설학원비도 매월 10만원~50만원 하는 실정이니 교육비가 대략적으로 매월 50만원~100만원이 필요한 실정이다.

그 외에 책값 5만원, 교통비 5만원, 간식 5만원, 옷값이나 병원비 및 기타잡비 10만원 정도하면, 유, 초, 중, 고, 대학의 의식주衣食住 비용이 1인당 매월 약 100만원 정도가 된다. 최근 보도에 의하면, 유치원에서부터 대학졸업 때까지 먹고 공부하는 비용이 평균 3억원이 드는데, 그마저도 해외여행이나 연수, 유학의 경비는 별도라고 한다.

매년 초중고생이 3만 여명 정도가 해외유학을 나가고 있으며, 현재 40만 여명이 유학을 나가있는데 미국에 있는 20만 명의 학생들에게 매월 500만 원 이상의 돈을 보내고, 중국에 8만 여명, 일본에 5만 여명에게는 매월 100만 원 정도의 돈을 보내고 있으며, 국가예산의 10% 정도인 25조원 이상이 학원의 사私교육비로 매년 들어가는 비정상적인 나라이니 모든 가계생활이 힘들고, 국가경제에도 악영향을 주고 있는 것이다. 1030 젊은이여! 자기주도형 인간이 되자!

한국은 유학정책 문제를 즉각 시정해야 할 것이다.

정말 힘들게 보낸 유학생들이 매월 500만 원 정도의 생활비와 학비를 쓰면서도 많은 학생이 그 나라의 언어 때문에 수업을 못 따라가서 유급을 당하고 있다고 하니, 과거의 유학 시험 제도와 같은 정책을 부활시켜서 학생을 선별해

국내 외국인유학생 상위 10개 대학
(단위: 명)

	대학	명
1	건국대	2227
2	경희대	1907
3	연세대	1645
4	성균관대	1641
5	중앙대	1382
6	동국대	1334
7	전북대	1242
8	한양대	1241
9	고려대	1222
10	서울대	998

자료: 법무부

보내야 할 필요도 있다고 본다. 그러면, 해외로 유출되는 외화낭비도 줄일 수 있을 것이며, 유학의 유행병도 잠재울 수 있을 것이고, 그에 따라 한국경제나 교육도 다시 새로운 활력을 얻을 수 있을 것이다. 한국은 사교육비 1위이고, 동시에 삶의 질은 바닥이다. 하루빨리 개선하자.

우리나라 국민의 삶의 질이 34개 경제협력개발기구(OECD) 회원국 가운데 하위권 수준에 머무르고 있는 것으로 나타났다. 2016년 'OECD 통계연보'에 따르면, 우리나라 국내총생산(GDP) 규모는 10위, 1인당연간 근로시간 길이에서는 멕시코 다음으로 2위를 기록했고, 사교육비 비중 1위, 대학 졸업률은 3위, 실업률과 자동차 사고율도 가장 높지만, 우리 학생들의 행복도 꼴찌이고, 다른 회원국들에 비해 국민의 삶의 질이 너무 낮은 것으로 조사됐다.

요즘 학교에서 학습자 중심의 교육을 한다면서 엄하게 가르치지도 않고, 무관심으로 대화도 부족하고 무책임한 것이 한국교육의 큰 문제점인 것 같아 정말로 걱정스럽고 아쉽기만 하다.

중요한 것은 학원에 다니고, 개인지도 받는 것보다 스스로 흥미를 가지는 것이 훨씬 더 공부가 잘 된다는 사실을 깨달아야 한다.

학창시절에 대부분의 학생은 열심히 공부를 하고, 개중에는 방황하다 훗날 후회하며 다시 공부를 시작하는 학생도 있지만, 너무 늦으면 소용이 없다. 잔인하지만 모든 행동에는 대가가 뒤따르기 마련이라는 것은 세상의 이치이다.

돈 안들이고 고생 덜하고도 얼마든지 잘할 수 있는 일을 시간낭비, 돈 낭비만 하고 있는 대한민국大韓民國의 교육이 참으로 걱정스럽다.

교육문제의 해결은 안하는 건지 못하는 건지 이해가 안 되지만, 정부의 책임이 크다고 할 수 있다.

"한 사람의 좋은 어머니는 교사 100명의 가치가 있다." 라는 말처럼, 젊은이들이 어른들의 따뜻한 사랑 속에서 자라면, 인생의 풍파 속에서도 잘 견딜 수 있을 것이다.

부모님이 집에서 자녀들과 식사하면서 대화하고, 어려워하는 문제를 매일 조금씩 상담하는 밥상머리 교육을 하면 효과가 있다. 가정교육이 없으면 교양과 상식이 부족해진다.

"오늘 하루하루를 뜻있게 새롭게 살아라. 오늘은 두 번 다시 오지 않는다는 사실을 잊어서는 안 된다."라는 단테의

이 평범한 명언을 생각하면서, 힘을 내면 무슨 일이든 성공할 수 있는 능력이 생길 것이다. 2030 청춘 시대, 파이팅!

사람이 성공하는데 무엇이 가장 중요하고, 삶에서 무엇이 가장 중요한가?

물론 '의지', '노력', '성실함'도 필요하지만, '행운'도 필요하다.

성공한 사람들은 한 번쯤은 불우한 시절을 겪은 사람들이다.

'꿈과 목표는 반드시 실현된다'라는 생각으로 포기하지 않고, 성실하게 꾸준히 노력하고 실천한다면 적어도 나에게 찾아온 행운을 놓치는 일은 없을 것이다. 인생에 찬스는 세 번 찾아 온다고 한다.

자신의 취미, 인격, 지식, 교양, 상식 등을 열정으로 완성시켜야 하고, 항상 깨달음을 통해 지혜로운 사람이 될 수 있도록 근면성실하게 언동해야 하늘이 돕고 복이 찾아온다. 짚신도 제 짝이 있다. 기죽지 말자. 쥐구멍에도 볕들 날이 있다! 기회가 오면, 결단해야 성공한다.

젊었을 때 덕과 지혜를 갖추어 바르게 행동하고, 진실을 말하고,
자기 의무를 다하는 사람은 이웃에게서 사랑을 받는다.

『법구경』

2030 청춘시절

청춘 시절에 철들지 않고, 정신 차리지 못하면 배우지 못한다. 그러면 배운 것이 없으니 아는 것이 없고, 아는 것이 없으니 자기 뜻대로 인생을 살아가기 힘들어 평생 고생을 하게 된다. 2030청춘 시절에 배우지 않으면 100세 시대 세상을 살아가는데 너무 불편하고 힘들다.

우리 사회가 슈퍼맨, 슈퍼우먼을 길러내려면, 꿈을 향해 열심히 뛸 수 있도록 국제경쟁력을 갖춘 인재양성의 학교교육이 살아나야 한다. 그래야 젊은이들이 적극적이고 긍정적인 사고思考의식意識으로 올바르게 성장할 수 있고, 세계화, 국제화 시대에 경쟁할 수 있는 능력을 갖추게 된다. 모든 일은 젊음의 용기로 극복하자!

돈을 잃으면 조금 잃은 거고, 신용을 잃으면 많이 잃은 거고, 건강을 잃으면 모두 잃은 것처럼, 사소한 일에 목숨을 걸고 스트레스 받고 인생을 걸 필요는 없다.

몸과 마음이 건강한 젊은이답게 올바르게 행동하고, 성실한 착한 사람이 되어야 장래희망이 있다. 2030청춘 시대의 행운과 기회는 때가 있고 용기가 필요하다.

어학 공부를 하려는 청춘에게

어학 공부가 모든 것의 해결책은 아니지만, 어학이 가장 짧은 기간에 자신의 꿈을 실현하는 데 도움이 될 수 있는 유용한 도구 중 하나인 것은 사실이다.

그런데, 대한민국의 학생들이 영어에만 10년 동안이나 매달려 있으니 안타깝다. 원어민 어린이들도 모국어를 습득하여, 듣고 말하는데 약 9,000시간(10개월) 이 필요하다고 하니, 언어를 익히고자 한다면 집중적인 공부보다는 생활화하는 것이 가장 중요한 것 같다.

매일 1~2시간씩이면 9,000시간까지 1~2년이 걸리므로, 스스로의 생활 속에서 반복적으로 학습하는 방법이 가장 효과적이고 좋은 것 같다.

쉽게 흥미를 가질 수 있도록 라디오나 TV 쇼 등의 친숙한 수단을 통해 시작하는 것이 좋은 동기부여의 방법일 수 있다.

각종 과외나 학원은 얼핏 보기에는 매력적이지만, 그런 곳에서 가르치는 공부에는 한계가 있기 때문에 어디까지나 참고하는 수준으로 이용하는 것이 바람직하다. 자기 자신이 정복해야 된다.

힘내라, 청춘

"인생의 모든 것은 청년 시절에 결정된다."
꿈과 희망을 가지고 살아가는 청년들은 학업과 취업,
이성 교제, 친구, 건강문제 등으로 고민이 많다.

100세 인생은 길다. 여유로운 마음으로 천천히 생각해 보자.
기초를 튼튼히 하고, 더 이상 슬퍼하지 말고 걱정하지도 말자.
"나는 얼마든지 해낼 수 있는 사람이다." 스스로를 북돋아
보자.
자기가 자신을 믿지 않으면 누가 믿겠는가?
아무리 힘든 곤경에 부딪쳤을 때도 강하게 일어설 수 있는 젊은이는
"하면 된다."는 꿈과 희망이 있고 능력이 있는 젊은이다.

이 시대 청춘들의 고민은?
대부분의 사람들에게 세상일은 그렇게 결코 쉽고 만만하지는 않다.
하지만 자신의 역경을 딛고 일어설 때, 비로소 우리는 성
취감과 기쁨을 느낀다.
자신의 인생관을 가지고 인생의 목표를 크게 높게 세우고, 희망을

가지고 청춘 시절에 최선을 다해 고군분투孤軍奮鬪하면 누구나 성공할 수 있다.

설령 취업도 못하고 밥값을 못하더라도 건강하게 살다 보면, 행운이 반드시 찾아온다. 힘내라. 청춘!

이석원 작가님의 이야기 산문집인 『언제 들어도 좋은 말』이 마음에 와 닿는다.

> "니가 그렇게 불평이 많고 타인과 세상에 대해
> 엄격한 잣대를 들이대는 이유는
> 가진 게 없어서 그래.
> 니 안목이 남달라서도 아니고
> 니가 잘나서도 아니야.
> 단지 가난해서 그래.
> 니 내면과 환경이. 경험이. 처지가.
> 그래서였을까……"(생략)

자신의 인생관을 가지고 목표를 향해 힘차게 나아가는 사람은 설령 지금 성공하지 못해도 다음 기회가 있는 법이다.

그러니 우리는 마음까지 가난해지지 않도록 경계해야 한다.

세계 4대 성인聖人인 중국의 공자孔子는 세 살의 어린 나이에 아버지를 여의고 가난과 고통 속에서 어렵게 성장하면서 인생의 아픔을 경험하였다. 그러나, 그만큼 자기 자신이 더욱 더 열심히 성실하게 노력해서 성공하였던 것이다. 그는 15세에 학문에 뜻을 두고, 30세에 배움의 뜻을 세웠으나, 주변의 시기로 15년 동안 갖은 수모와 고생을 겪으면서 인격을 수양했다.

많은 사람들에게 추앙받는 사람이 된 후에도 인仁을 중시하고 하늘을 원망하거나 사람을 탓하지 않고 배움과 몸과 마음을 갈고 닦는 인격수양에 정진하였다.

온갖 유혹과 충동으로 가득한 인생은 한순간에 지나가 버린다.

"봄에 씨를 뿌려야 가을에 거둔다." 제 때에 노력해야 성과를 얻을 수 있다. 또한 바로 성과가 없다고 해서 너무 실망할 것도 없다.

"새도 나무를 가려서 앉는다." "인간만사 새옹지마"라고 인생사의 길흉화복은 항상 변하기 마련이다.

빌 클린턴은 임신 6개월 때, 아버지가 교통사고로 세상을 떠나 아버지 얼굴도 모르고 어렵고 불우한 청소년 시절을 보내면서도 "꿈은 반드시 이루어진다. 불가능은 없다!"라는 생각으로 어려운 환경을 극복했다.

조지타운 대학교를 나와 영국의 옥스퍼드 대학에 유학하여 정치외교학과와 예일대학교의 법학대학원을 나와서 변호사가 되어 힐러리와 결혼하고, 32세에 최연소 주지사에 당선 되었다.

교수를 하다가 49세에 미국의 42대 대통령이 된 것은 낙천적이고 열정적인 강한 성품과 역경을 기회로 받아들이는 자신감이 있었기 때문일 것이다.

톨스토이는 두 살 때 어머니가 돌아가시고, 아홉 살 때 아버지가 돌아가셔서 고모댁에서 어렵게 살았다.

그는 불우한 청소년시절에 방황도 하였지만, 유명한『전쟁과 평화』,『부활』,『위대한 인생』등을 썼고, 러시아가 낳은 세계적인 대문호大文豪가 되었다.

이처럼 어렵게 성장했지만, 희망을 가지고 자기 자신이 열심히 노력해서 실력을 갖추고 자신의 운명을 개척한 사람은 많다. 고난과 역경을 딛고 힘든 생활 속에서도 자신감과 용기를 잃지 않고 일어서야 성공할 수 있다.

희망과 목표를 향해 달리다보면, 때로는 넘어지겠지만 젊은이답게 다시 일어나 부지런히 뛰면 된다.

적어도 자신의 운명運命의 절반은 자신의 노력에 의해 결정되는 것이기 때문이다.

젊은이답게 괴로움을 즐거움으로 바꾸자!

"도덕으로부터 얻은 부귀와 명예는 산 속의 꽃과 같이 무럭무럭 번성하지만, 권력으로부터 얻은 부귀영화는 꽃병 속의 꽃과 같아서 뿌리가 없어 오래 가지 않는다."

『채근담(菜根譚)』

생각하고 결정하라

스펜서 존슨은 『선택』이라는 책에서, '더 나은 결정을 위한 방법'에 대하여, 다음과 같이 말하고 있다.

"나는 우유부단優柔不斷하지 않으며, 중요한 부분이 빠진 어중간한 결정은 하지 않는다. 충분히 생각하고 결정하라."

스펜서는 "나는 이 확실한 시스템의 두 가지 부분을 모두 사용한다. 즉, 차가운 머리와 따뜻한 가슴으로 지속적으로 더 나은 결정을 한다. 그런 후에 나 자신과 다른 이들의 이야기를 들어보고 더 나은 결정을 내리고 행동한다."라고 말한다.

스펜서와 같이 탁월한 선택을 하기 위해서는 희망과 용기로 가득 찬 자신만의 노트를 만들어야 한다. 유비무환有備無患의 자세로 준비가 되어 있으면 걱정이 없고 기회도 찾아온다. 학창시절에는 남녀관계, 친구관계, 가족관계 등의 인간관계의 어려움을 극복하는데 경험부족으로 누구나 많은 고민을 하게 된다.

우리는 이런 준비를 통해 세상을 보는 지혜의 눈을 가져야 한다.

자신을 존중하고 타인에게 베풀고, 올바른 판단능력으로 자신을 보호하고 지켜야 한다. 모든 일은 생각한 대로 된다!

✍ 성공의 조건

1. 큰 꿈과 희망을 가져야 한다.

2. 지식과 지혜를 쌓아야 한다.

3. 건강한 몸과 마음이 중요하고, 좋은 습관을 길러라.

4. 성공을 생각하면 성공하고 실패를 생각하면 실패한다.

5. 적극적인 도전정신과 긍정적인 마음가짐이 성공의 비결이다.

6. 음식투정이나 편식은 건강과 성격형성에 안 좋다.

7. 항상 간절하게 원하고 최선을 다해 노력하면 꿈이 꼭 이루어진다.

8. 돈과 시간을 절약해야 성공할 수 있다.

9. 취미 생활에 과하게 몰입하면 시간을 잃고 기회도 잃게 된다.

10. 항상 자기생각과 자기주관을 가져야 성공한다.

모든 일은 때가 있다.

안중근 선생이 "청춘青春은 다시 오지 않으니 세월歲月을 헛되이 보내지 말라."고 말했듯이, 모든 일은 시기가 있는 것이다.

시기時期나 기회機會를 놓치면 공부하기 힘들고, 의지나 각오가 없다면 성공할 수 없다. 나 자신을 믿고 힘을 내면 무슨 일이든지 가능하다.

공부나 무슨 일이든지를 절대 포기해서는 안 되고, 최후에 웃을 수 있도록 조금씩, 천천히, 꾸준히, 노력하면 안 되는 일이 없다는 것을 명심하자.

나폴레옹 힐은 「나의 꿈과 좋은 나의 인생Think and Good Rich」에서 자신의 목표를 적은 종이를 가지고 다니면서 매일 반복해서 읽으면 꿈이 실현된다고 말하고 있다. 즉, 우리의 행동은 습관이 조종하므로 습관이 변하면 행동이 변하고 결과가 달라진다. 자신의 꿈과 목표를 향해 지금 행동하지 않으면 아무 것도 할 수 없다.

나폴레옹 힐의 긍정적인 정신자세를 배우자.

나폴레옹 힐의 성공철학 10단계

1. 신념을 가지고 자기 마음의 주인이 되어야 한다.
2. 자신이 원하는 일에 마음을 두고 원치 않는 일은 잊어버려라.
3. 남에게 받고 싶은 대로 먼저 주어라.
4. 자신을 점검하고 부정적인 생각을 제거하라.
5. 자신도 항상 행복하고, 다른 사람들을 행복하게 하라.
6. 관용의 습관을 길러야 한다.
7. 자신에게 긍정적인 암시를 해야 한다.
8. 기도의 힘을 이용하라.
9. 목표를 세워야한다.
10. 항상 공부하고, 생각하고, 그리고 매일 계획하라.

지금 현실이 너무 힘들다고 포기해버리면 나중에 후회하게 되고, 살아가면서 스스로에게 부끄럽고 떳떳하지 못하다. 좀 더 나은 내일을 위해 때로는 지금을 투자할 줄도 알아야 한다.

자신의 삶을 뜻 있고 행복하게 만들고 자랑스러운 사람이 되기 위해서는 꿈과 희망을 향해 열심히 도전하는 성실함과 열정을 가져야 한다.

나홀로 '행복'하다고 말하는 젊은이에게

일본의 20대 도쿄대학 대학원생인 후루이치 노리토시古市憲壽는 『절망의 나라의 행복한 젊은이들』이라는 저서에서 끝없는 불황, 비좁은 취업문, 부조리한 사회제도 등을 이야기 하면서, 어째서 오늘날 젊은이들은 저항하지 않는가?라는 질문에 대해 말하고 있다.

"이유는 간단하다. 행복하기 때문이다."라고 주장한다.

최근 '일본 국민 생활 만족도 조사'에서, 일본 20대의 75%가 "지금 나는 행복하다."라고 응답하여 일본열도가 놀라는 사건이 있었다.

요즘 한국도 불안정한 고용환경과 과열된 경쟁체계에 도전하기보다는 현실에 불만족하며 부적응하는 N포세대의 젊은이들이 늘고 있어 걱정된다.

그러면서도 '과잉 학력 투자'로 구직자와 고용자의 눈높이가 달라 빚어지는 '일자리 미스매치' 현상이 일어나고 있어 청년실업자가 늘고 있으니 사회문제가 되고 있다.

점점 홀로서기와 포기에 익숙해지는 젊은이들에게 인생을 노래한 헤르만 헤세의 시詩 한 편을 소개하고 싶다.

여기서 잠시 이 시를 감상하며, 나름대로 인생을 생각해보는 자신의 시간을 가져주기 바란다.

안개 속에서

헤르만 헤세

안개 속을 거닐면 참으로 신기하다!
덤불과 돌들은 모두들 저마다 외롭고
어떤 나무도 다른 나무를 보지 못한다.
모두가 다 혼자이다.
나의 인생이 아직 환했던 시절엔
이 세상은 친구로 가득했었다.
그러나 안개가 내린 지금은
어느 한 사람 보이지 않는다.
모든 것에서, 피할 수 없이
인간을 가만히 떼어놓는
어둠을 알지 못하는 사람은
정말이지 현명하다고 할 수 없다.
안개 속을 거닐면 참으로 신기하다!
살아간다는 것은 고독한 것.
어떤 사람도 다른 사람을 알지 못한다.
모두가 다 혼자이다.

* 인간은 혼자서 살아가는 운명이지만, 100년의 희로애락 속에서 청
  춘시절을 이야기 하자!
  뭐니 뭐니 해도 인생의 위기를 극복한 사람이 가장 현명한 사람이다.

내일의 무대

십대와 이십대에는 젊음의 낭만으로 젊은이답게 스스로 힘을 길러서 무시당하지 않도록 행동하고, 자기계발을 게을리 해서는 안 된다.

누구나 사람답게 살기위해서는 적극적인 도전의 정신으로 자기 자신의 힘을 길러야 한다.

책은 인생의 나침반이자 길잡이 이다.

사람은 책을 만들지만, 책은 사람을 만든다. 인생은 한 권의 책과 같다.

데카르트는 "좋은 책을 읽는다는 것은 과거의 유능한 사람과 대화하는 것과 같다"고 말했다.

좋은 책을 많이 읽으면 아는 것이 많아지고 견문과 지혜의 힘이 생기고, 능력이 있으면 인간관계도 좋아진다. 인간관계가 좋으면, 지도자로 세계무대에도 설 수 있는 것이다. 2030 기본에 충실하자.

시간의 소중함을 알아야 승리할 수 있다.

단 한 번뿐인 인생을 즐겁게 생활하라. 오늘 할 일을 내일로 미루지 마라. 사소한 것에 목숨 걸지 마라.

청춘은 빠르고, 뜻은 이루기 힘들지만, 청춘은 돈으로 사기 힘들고, 다시 오지 않는다. 내일을 향해 웃으면서 뛰어라, 청춘아!

시간은 돈이다. 시간과 돈을 지배하는 사람이 인생도 지배한다. 인생 100세 시대를 살아가고 있지만, 멋지게 살자!

"청춘과 잃어버린 시간은 다시 오지 않는다."는 독일의 속담은 우리들의 삶에 시사하는 바가 크다.

자신의 생활습관을 잘 길러야 성공한다.

잠시 여기서 '습관'이라는 한 편의 시를 읽으며 자신의 습관에 대해 생각해보는 시간을 갖자.

습 관

나는 누구입니까?

나는 누구? 나는 항상 당신이 시키는 대로 합니다.

나는 좋은 일도하고, 나쁜 일도 합니다.

당신을 성공시켜 위대한 사람으로 만들기도 하고,

실패하게 만들어 파멸시키기도 합니다.

나는 항상 당신과 함께 행동하면서 당신의 운명을 좌우합니다.

나에게는 일장일단이 있습니다. 나는 당신의 반복적인 행동으로 만들어지지만,

나는 산만하지만 꿈과 희망이 있습니다.

나는 당신의 성격과 인품을 만듭니다.

나는 호기심도 많고 창조의 힘도 있습니다.

나를 잘 길들이면 당신은 건강하고 행복해질 것입니다.

나는 누구일까요? 나는 바로 당신의 습관입니다.

당신이 행동과 마음을 바꾸면 나도 바뀝니다.

당신의 생각은 나의 운명이고 나의 행동은 당신의 마음입니다.

나는 당신을 부자로 만들기도 하고 당신을 가난뱅이로 바꾸기도 합니다.

나는 당신의 마음먹기에 따라 변하고 결정됩니다.

당신의 마음과 행동이 바뀌면, 나의 운명도 바뀝니다.

손코비의 『성공하는 10대들의 7가지 습관』에서

"청소년들이여, 용기를 가져라."

(Boys be ambition!)

"로마는 하루 사이에 세워지지 않았다."

(Rome was not built in a day.)

"세월은 사람을 기다리지 않는다."

(Time and tide waits for no man.)

잠재의식과 열등감

사람은 누구나 결점과 고민이 있다. 열등감, 콤플렉스, 자기혐오감...
대학을 안 나와서, 몸이 약해서, 돈이 없어서 ...

경쟁의식, 열등의식, 허례허식, 허영, 허풍 등을 버리기
위해 단점을 장점으로 살리는 연습을 해보자.

흔들리는 자신의 마음을 자신감과 긍정적인 사고로 전환하기 위해
용감하고 끈기있게 행동하면 열등감은 없어진다.

칭찬은 바보를 천재로 만들고 고래도 춤추게 한다. 사람을 꾸짖을 때
는 반드시 70% 칭찬하고 30% 꾸중해야 해결된다.

맥아더 장군의 '자식을 위한 기도'를 읽어보고 한번 생각해보자.

제 자식이 이런 사람이 되게 하소서!

"약할 땐 자신을 잘 분별 할 수 있는 힘과 두려울 땐 자신에 맞설 만큼
강인한 용기로 공정한 패배에 부끄러워하지 않고 당당하며,
승리에 겸허하고 너그러운 사람이 되게 하소서.
제 자식이 원칙이 있는 사람이 되게 하시고,
자신을 아는 일이 지식의 초석임을 깨닫는 사람이 되게 하소서.

비나이다. 그를 편안한 길로만 인도하지 마시고,
고난과 도전의 폭풍우를 견디는 법을 배우게 해주시고,
실패하는 사람을 관용으로 보듬는 법을 배우게 하소서.
제 자식의 마음이 깨끗하고 목표가 높은 사람,
남을 다스리려 하기 전에 자신을 다스릴 줄 아는 사람이 되게 하소서.
웃는 법을 배우되 우는 법을 잊지 않게 하시고,
미래를 향해 나아가되 과거를 결코 잊지 않는 사람이 되게 하소서.
제 자식에게 넉넉한 유머감각을 주시고,
항상 진지하면서도 자신을 너무 지나치게 드러내지 않게 하소서.
겸손함을 주시어 참된 위대한 힘은 소박함에 있고,
참된 지혜는 너그러운 열린 마음에 있음을 기억하게 하소서.
아비인 저는 제 인생을 헛되이 살지 않았다고 감히 말할 수 있도록
해주소서."

명분名分이 바르지 못하면, 말이 이치게 맞지 않고,
일이 이루어 지지 않는다.

『논어』

목마른 청춘들이여! 모두 이리로 와라.
여기에 찬물이 있다.
한잔하고 정신 차리고 힘을 내자.

대학이란?

대학大學이란 크게 배운다는 의미이다. 대학은 폭넓게 지식을 얻는 일반교양 과목과 특정 분야의 학예를 깊게 학습하고 연구하기 위한 전문과목을 배우는 곳이다.

대학 교육의 목적은 지식·인격과 함께 응용능력을 충분히 개발하는 것에 있다.

즉, 대학은 교육기관임과 동시에 학술연구 기관으로서의 역할도 가지고 있다. 대학을 가지 않으면, 인생이 즐겁지 않다.

대학 교육은 일반적으로는 4년이지만, 의학·이학부는 6년이다. 대학원에서는 석사 과정이 2년, 박사 과정이 3년이다. 대학은 국립과 사립이 있지만, 그 수는 사립대학 쪽이 국립대학보다 훨씬 많다.

이외에 전문대학 (2~3년제)이 있다.

대학생은 사회에서 가장 혜택을 받고 있는 존재인지도 모른다. 지금까지 하지 못했던 것들, 즉 아르바이트도 하고, 놀고 싶은 만큼 놀고, 자고 싶은 만큼 자기도 하고, 흥미 없는 수업은 듣지 않아도 되는 것이다.

이러한 자유 속에서 동아리에 가입하여 예술이나 스포츠에 몰두하고, 아르바이트를 해 번 돈으로 옷을 사거나 해외여행을 하는 등, 변화가 풍부한 생활을 만끽하기도 한다. 그런 가운데는 물론 전문 분야를 열심히 공부하는 학생들도 있다.

대학大學이란 어떤 곳인가?

1. 대학大學이란? 큰 곳에서 배운다는 뜻이다.

"아는 것이 힘이다."라는 말처럼, 아는 것이 많아야 힘이 있고, 하고 싶은 일을 찾을 가능성도 그만큼 커지는 것이다.

대학 교육의 목적은 지식함양과 인격형성 및 응용능력을 개발하는데 있다.

2. 자신이 하고 싶은 공부를 많이 할 수 있는 곳이다.

스스로의 행복幸福한 미래未來와 성공成功을 위해 도전과 시행착오를 해볼 수 있는 장소이다.

21세기 글로벌시대에 융합적인 복수전공, 부전공이 유행하고 있다. 대학은 전문인을 양성하는 곳이다.

3. 지식知識을 쌓고, 지혜智慧를 배울 수 있는 곳이다.

능력과 실력이 있어야 자신이 하고 싶은 일을 잘 할 수 있다. 대학은 그런 능력과 실력을 기를 수 있도록 가르침을 주는 곳이다. 많이 배워야 많이 베풀 수 있다.

4. 좋은 친구親舊도 많고 재미있게 지낼 수 있는 곳이다.

다양한 사람을 만나며 올바른 판단능력判斷能力과 정보지식情報知 識을 얻을 수 있고, 인생을 함께 할 진정한 친구를 찾을 수도 있 을 것이다.

5. 꿈과 낭만浪漫이 있는 곳이다.

대학은 사회에 나가기 전에 내가 무엇을 하고 싶고, 어떤 인생을 살고 싶은지 마지막으로 점검하고 준비하는 장소이기도 하다. 대학에서 자신의 꿈을 키우고 전문지식과 능력을 길러서 사회 에 봉사하면서 즐겁게 살아야 한다.

"오늘 하루하루를 뜻있게 새롭게 살아야 한다."   - 단테
"오늘은 두 번 다시 오지 않는다는 사실을 명심하라."   - KIH
"나의 사전에는 불가능이란 말은 없다."   -나폴레옹

대학원이란?

대학에는 깊은 학술을 연구하는 것을 목적으로 하는 대학원이 설치되어 있다. 대학원에서는 대학의 졸업자 또는 그것과 동등이상의 학력이 있다고 인정되는 경우 입학할 수가 있다. 대학원에서는 표준수업연한이 2년의 석사과정과 표준수업연한 3년의 박사과정이 있다.

통상 석사과정에 해당하는 전기과정과 그에 계속해서 3년의 후기과정으로 나뉘어져 있다. 의학, 치학 및 수의학은 4년간의 박사과정뿐이다. 각각의 과정의 수료자에게는 석사 또는 박사의 학위가 수여된다.

현실적인 문제지만, 일본의 대학원에 유학할 경우에는 1년에 국립은 학비가 700만원, 사립은 1,000만원 이상이 들고, 생활비가 700만원 정도 들어 적어도 1년에 1,500만원 이상이 필요하다.

아르바이트를 매일 다섯 시간씩 한다면 생활비는 가능하지만, 학업에 열중하기 힘들며, 어학실력이 있으면 장학생 선발에 유리하다.

전문가답게 프로의식을 가져라.

평소의 행동과 습관은 내일의 나를 만든다!!!
젊은이답게 행동과 습관을 변화시켜라!

한국과 일본의 대학

한국의 대학·전문대학·대학원생의 총수는 약 200만 명인데 일본은 약 300만 명이다. 일본에서는 가장 오래된 1877년에 설립된 도쿄대학이 유명하다. 교토대학, 히로시마대학, 도호쿠대학, 규슈대학, 홋카이도대학, 오사카대학, 나고야대학, 츠쿠바대학, 히토츠바시대학, 도쿄공업대학, 도쿄외국어대학 등 98개교의 국립대학이 설치되어 있다. 공립대학은, 도쿄 도립대학과 오사카 시립대학 등 52개교가 설치되어 있다. 사립대학은 415개교이며, 게이오 대학과 와세다 대학이 사학의 쌍벽을 이루고 있다. 카톨릭계의 죠치대학, 크리스트교계의 도시샤대학, 릿쿄대학, 간사이학원대학, 아오야마학원대학, 국제기독교대학 등이 있고, 이 외에 한국의 전문대학과 같은 596개교의 단기대학이 있다. 특히, 도쿄6대학은 100년의 역사로 유명하다.

최근에는 한일 양국 모두 학교교육 이외에 평생교육이 요구되어, 시민교육, 사회교육 등이 활발하게 실시되고 있다. 특히, 공공도서관, 스포츠시설 등을 이용하는 사회교육과 가정, 학교, 지역사회, 직장을 연계하는 평생교육이 유행하고 있다.

일본에는 '고급관료는 도쿄대東京大, 정계는 와세다대早稲田大 , 재계는 게이오대慶應大'라는 말이 있다. 그 외에도 주오대中央大, 죠치대上智大가 유명하며 니혼대日本大는 예체능이 유명하다.

대학시절에 꼭 해야 할 일

정말로 건강할 때 후회 없도록 젊어서 학문에 몰입해야 한다.

대학시절에는 학문과 지식을 연마하고 식견을 넓히고 지혜를 겸비할 수 있도록 부지런히 뛰어야 한다.

시간을 황금보다 중요시하는 시기인 젊은 날, 시간을 낭비하고 자신의 길을 잘 선택하지 않으면, 정말 평생 후회하게 된다.

꽃들이 만발하는 봄이나, 나뭇잎이 무성한 여름, 형형색색의 아름다운 단풍철인 가을, 은빛 백설이 뒤덮인 산의 겨울, 모두가 변화하는 삶의 모습이며 조화이다. 자신의 인생을 좀 더 풍요롭게 아름답게 대학시절에 꿈꾸고 가꾸어야 한다. 자신의 개성과 소질 그리고 실력을 겸비해야 하고 싶은 전공을 공부 할 수 있다.

대학시절은 인생의 갈림길이다.

인생의 성패는 대학시절에 결정 난다. 진정한 자신의 힘을 기르는 시기이다. 밤낮으로 힘차게 뛰어 다니면서 기회를 잡아라. 하루 평균 10시간 이상 공부하는 대학생의 학문은 삶의 힘이요. 새로운 능력 개발이다.

돈만으로 세상을 좌지우지할 수는 없다. 젊은이가 깨어 있지 않으면 현재도 미래도 없다. 즐거운 공부 습관이 인생승리의 최고 최대의 자기

투자 방법이다. 남들이 잠자고 있을 때, 책상에 앉아서 꾸준히 공부하는 집념을 불태우는 창의적인 성실한 젊은이는 반드시 목표를 달성하고 큰 인물이 될 것이다.

오늘 현재 최선을 다해 도전한다면 자신의 꿈이나 목표가 1년 후에는 조금씩 현실로 다가올 것이다.

대학시절의 투자나 노력은 자신의 인생에서 가장 값진 풍부한 지식으로 삶의 원동력이 된다.

항상 자신의 수준을 높이는데 시간과 돈과 노력을 투자해야 발전한다.

전문성과 외국어능력을 기르는데 1년 후, 3년 후, 5년 후, 10년 후를 생각하면서 오늘 투자를 해야 한다.

그러나 여러 가지 방해요인이 생겨서 사실은 일정에 차질이 생기므로 계획표는 반드시 여유 있게 만들어야 한다.

예를 들면, 1주일에 하루, 이틀은 운동, 휴식, 대인관계 등으로 공부하지 않아도 계획에 큰 차질이 생기지 않아서 정신적으로 안정되고, 슬럼프에 빠지거나 사소한 일이 생겨도 여유 있게 목표 달성을 할 수 있는 계획표가 필요하고 중요하다. 즉, 실현 불가능한 목표를 향해 무리하게 일정표를 만들면, 스트레스만 받고 도중하차하기 쉽다.

제1목표와 제2목표, 항상 2가지 목표를 가져야 한다.

물론 두 마리 토끼를 다 잡을 수 있도록 노력하고 두 가지 직업, 두 가지 일을 겸해서 잘 할 수 있는 사람이 정말 능력 있는 사람이다.

도산과 율곡의 가르침

도산 안창호 선생은 "진리眞理는 반드시 따르는 자者가 있고, 정의正義는 반드시 이기는 날이 있다." "힘! 힘! 힘을 기르라.힘은 기르면 반드시 생긴다.

힘을 기르는 것은 교육 밖에 없다.

10대에 호연지기浩然之氣를 꼭 길러야 한다."고 말했다.

율곡 이이李珥 선생은 청소년들의 학습서로 편찬한 『격몽요결擊蒙要訣』에서, "예禮가 아니면 보지도 말고, 듣지도 말며, 말하지도 말며, 움직이지도 말라." 이 4 가지는 수신修身의 요체라고 하고, "학문하는 것은 일상생활 속에 있다."고 말했다.

따라서 우리는 두 분의 가르침을 따라 남을 속이거나, 거짓말을 하거나 자기가 할 일을 게을리 하지 말고, 재물을 탐내지 말고 인仁과 의義 그리고 예禮를 중시하면서 정직하게 살아야 된다.

"서재書齋가 없는 집이야말로 영혼이 없는 시체와 같다"

-카케로

청춘의 삶

스트레스가 쌓이고 마음이 무겁고 우울하고 답답할 때는 대자연을 찾아서 정신건강을 회복하자.

젊음하면 새로움, 정열, 신선함, 아름다움, 활기, 희망과 용기, 개성이라는 말이 떠오른다.

큰 꿈을 가지고 도전하는 사람은 성공하고 행복하다. 자기의 특성을 살리고 부지런히 노력하면서 자기 자신과 사회를 위해 멋진 삶을 살아야 한다. 어렵고 힘든 삶이 더 의미있고 성취감이 크다는 사실을 명심하고 웃으면서 뛰어야 2030대에 명품인생으로 성공한다.

나의 좌우명은 "성실과 양심"이다.

내가 항상 성실하고 부지런하게, 정직하고 양심적으로 행동하고자 노력할 수 있었던 것에는 내 인생의 길을 안내해준 청춘 시절의 좌우명이 큰 공헌을 했다. 모든 언동을 할 때에 좌우명을 실천하면서 한다면 가치 있는 인생의 삶이 될 것이다. 항상 따뜻한 마음과 용기 있는 행동으로 자신만의 개성을 가져야 성공할 수 있다.

여러분도 자기만의 좌우명과 삶의 원칙을 하나씩 만들어보고 실천하기 위해 노력하며 살기를 바란다.

자기의 취미와 적성을 살리면서 청춘의 4계절을 지혜롭게 보내야 인생이 즐겁고 행복하다.

1년, 3년 후를 설계하라

1030대는 자신의 생각과 선택이 가장 중요한 시기이다.

지금 이 순간의 선택이 1년, 3년 후의 자신의 삶을 결정한다. 오늘 최선을 다하고 있으며 자신의 선택에 후회하지 않는가? 기죽고 주눅 들지 말고 일어서라!

부모님과 친구들과 의논하는 것도 좋지만 결국 자기의 일은 스스로 결정해야 한다.

자신의 취미趣味, 적성適性, 장점長點을 살려서, 즐겁게 하고 싶은 일을 하면 된다. 이젠 직업에 귀천이 없는 시대가 되었기 때문이다. 행복한 성공을 위하여!

하지만, 자신이 선택한 일에는 100% 자신이 책임을 져야 한다.

어떻게 청년시절(15~29세)을 잘 보낼 것인가?

생각만 하고 노력하여 배우지 않으면, 기회를 만들기 어렵고 힘도 배짱도 대처하는 능력도 생기지 않으니, 세상을 다스리기는커녕, 자신이 생각하는 대로 행동하고 꿈을 실현시키기도 어렵다는 것을 항상 명심해야 한다.

게으른 사람은 고인 물처럼 썩게 되어 세상에서 쓸모없는 존재가 되는 것이다. 가장 강한 사람은 자기 자신을 조절할 줄 아는 사람이다.

세상일은 뜻대로 안되지만, 남과 비교하지 말고 젊은이답게 도전하면서 웃으며 살아야 한다. 젊은 날의 상실을 극복하고 재생하자.

인생의 여정을 즐겁게, 멋있게, 행복하게!

1년, 2년, 3년, 후를 설계하라.

항상 새로운 생각으로 계획해야 발전한다.

100년의 인생을 살아가면서 위기를 웃으면서 극복하고, 앞으로 나아가야 발전한다. 한번뿐인 내 인생!

"나는 정말 많은 시련과 우여곡절에도 불구하고,
다른 이들에 비해 여러 의미로 행복한 인생을 살아왔다.
고맙습니다. 서로 사랑하세요."　　　　　-김수환 추기경

대학생활의 안내

초등학교 6년, 중학교 3년, 고등학교 3년 해서 12년 동안 개구쟁이 청소년 시절을 힘들게 보내고, 자기의 희망과 적성을 찾아서 가고 싶은 대학에 입학하여 뜻 깊은 첫발을 딛는 것은 본인에게는 행운이자 집안의 영광이기도 하다.

여러 가지 이유가 있어 대학을 포기하기도 하지만, 곧 후회하게 되는 이유는 배움이 없으면 왜소해지기 때문이다.

수많은 신입생 새내기 중에는 자기의 성격과 적성이나 희망에 맞지 않는 학교나 학과에 어쩔 수 없이 시험으로 경쟁하여 입학하였으나 뜻을 세울 수 없으니 자존심이 상하고 기분이 나빠서 휴학을 하는 사람도 정말 많을 것이다.

포기도 하고, 괴로워서 자살이나 가출을 생각하는 사람도 있지만, 세상 모든 일이 자기 뜻대로 되는 것은 아니니 참고 살아야 한다.

다시 미래를 향해 정신 차리고 일어서서 더욱더 젊은 이답게 매진하면 누구나 기회가 또 찾아오는 것을 명심해야 한다. 내일의 행복한 성공을 꿈꾸자!

자신의 길이 아니라는 판단이 세워졌으면 다른 학과로 전과도 할 수 있고, 부전공과 복수전공도 할 수 있으니 희망과 기회는 얼마든지 있다.

예를 들면, 인문대학의 국어과에 입학하였어도, 공대로 전과할 수도 있고, 기계과나 경상대학에서 경영학, 미술대학에서 서양학 등을 부전공이나 복수전공으로 할 수 있다. 그러나 의대, 약대, 치대 등은 복수 전공이나 부전공을 할 수 없으니 이런 학과를 희망하는 학생들은 이러한 사실을 미리 알아둘 필요가 있겠다.

대학에서는 동아리활동을 자유롭게 할 수 있어서 많은 정보를 선후배에게 배울 수 있지만 판단과 책임의 부담은 자기가 져야 한다는 사실을 유념할 필요가 있다. 교수님과 상담하라!

큰사람이 되려면, 건전한 정신과 분별력이나 올바른 판단력을 지니고, 외유내강外柔內剛 외면보다는 내면에 치중해야 하고, 좋은 인간관계를 하면서 야망을 품고 의지력과 집중력을 발휘해야 한다.

변덕과 독선이나 허영심과 거만함보다는 진실과 성실로, 인내와 지혜로 대학생활을 보내라. 대학생답게 멋을 알고 예절을 지키고, 다양한 체험으로 실력과 품위 있는 매력을 갖추어야 훗날 지도자가 될 수 있다.

다시 시작하는데 늦은 때는 없다.
(It's never too late to start over.)

Chapter 02

청춘 시대

"청년 시절은 인생의 황금기요,
배움의 때는 두 번 다시 오지 않는다."

과거와 미래보다는 지금, 현재, 오늘을 중요시하고
최선을 다해야 후회가 없다.

인생의 모든 것은 1030 청년 시대에 결정되고,
시도 하지 않으면. 아무 것도 할 수 없다.

손정의 성공스토리

'일본 IT 신화' 손정의 소프트뱅크 회장의 도전 40년은 대단하다.

재일교포 3세인 손정의(55) 회장은 일본 정보통신기술ICT계에서 아시아의 빌게이츠로 불린다. 그의 좌우명은 '뜻志을 높게高'이다.

연매출 4조 엔(약 40조원)의 아시아 대표 정보통신기술ICT 그룹으로, 2014년에는 일본 1위 부자가 되었고, 일본에서 최고경영자CEO 중에서 인기도 1위이다.

그는 일본에서 'ICT 업계의 사카모토 료마坂本龍馬'로 불린다.

19세기 사카모토 료마가 일본에 신사상新思想과 신문물新文物의 물꼬를 텄듯, 20세기 손정의 회장은 일본에 디지털 혁명의 불을 지피고 있으며, 한국, 중국, 미국에도 크게 투자하고 있다.

료마는 메이지유신明治維新의 초석을 놓은 일본 근대화의 영웅이자 손 회장의 롤모델이다. 손 회장은 "내 거대한 꿈과 무모한 도전은 모두 료마에게서 배운 것"이라고 말하고 있다.

"내 나이 열여섯 살 때 한 남자를 만났다. 내 인생의 좌표가 된 인물, 사카모토 료마이다.

어느 날, 과외 선생님이 생소한 책 한 권을 추천해 주었다.

일본의 국부인 시바 료타로司馬遼太郎가 쓴 역사소설『료마가 간다』였다. 이 책을 읽고 정신이 번쩍 났다. 소설의 주인공 사카모토 료마는 최하급 무사로 태어났으나 강력한 의지와 비전으로 일본 근대화를 이끈 개혁가이자 탁월한 비즈니스맨이고, 사무라이이다. 그 삶에 비춰 보니 자신이 한심하게 느껴졌다. 차별이니 인종이니, 그런 문제로 고민하는 자체가 얼마나 시시한지 깨닫게 되었다.

"한 번뿐인 내 인생을 이렇게 대충 흘려보내도 되는 건가! 난 다르게 살기로 결심했다."고 손정의 회장은 말한다.

물론 그때까지는 내가 이루고 싶은 게 뭔지 확실히 알지 못했다. '뭔가 큰일을 하고, 수많은 사람을 돕고 싶다. 인생을 불사를 만한 일에 이 한 몸 부서져라 빠져들고 싶다.'는 결심만큼은 가슴 깊이 강렬하게 자리 잡았다. 나와 내 가족의 사리사욕이 아닌, 수천만 사람을 도울 수 있는 뭔가 큰 일, 금전욕 따위가 아니다.

많은 사람이 "그 사람이 있어 다행"이라 말할 수 있을 만한 값진 일을 해내기로 마음먹었다. 그것이 바로 열여섯 소년이 품은 삶의 포부였으며, 좌우명 '뜻을 높게!'는 손정의 인생의 중심이 되었다.(2011.9.15부터 손 회장의 성공스토리를 연재한 중앙일보를 참조.)

"오늘 배우지 않으면 내일이 없고,
　세월은 나를 기다려주지 않는다."　　　　- 주자

내 인생 내가 산다

젊은이는 희망을 가지고 목표를 향해 조급하게 절대 서두르지 말고, 여유를 갖고, 오늘 지금 현재 노력하고 끈기 있게 적극적으로 도전해야 성공할 수 있다.

"공부도 때가 있다."라는 사실을 명심해야 한다.

자신의 장점을 찾아서 "나는 잘 할 수 있다."라는 자신감을 가지고, "노력하면 안 되는 일이 없다. 잘못은 좀 더 반성하면 기회는 온다."라고 때로는 스스로 자신감과 용기를 불어넣어줘야 한다.

그렇게 인생의 전환점에서 결정적인 힘을 발휘할 수 있도록 항상 준비해야 행운의 기회가 찾아 왔을 때 잡을 수 있다.

하루하루의 삶 자체가 즐거울 수도 있고, 고통일 수도 있지만, 얼마나 소중하게 보내느냐에 따라서 시간과 세월을 잃어버릴 수도 있고 얻을 수도 있는 것이다. 결과보다는 과정이 중요하다.

세상의 모든 일은 마음먹기에 달려있다.

"늦었다고 생각할 때가 가장 빠르다."라는 말처럼, 하고자 하는 일이 있다면 생각했을 때, 지금 바로 시작해야 효과가 크다.

"나는 할 수 있다 I can do it."는 자신감만 있으면 늦지 않다. 꿈을 가지고 목표를 향해 열심히 계획대로 실행하면 반드시 성공할 수 있다.

동양과 서양의 문물이 혼재해 있고, 다양한 분야에서 최첨단을 달리고 있는 미국이나 일본 같이 앞서나가는 나라의 모습을 직접 보고, 느끼는 것은 자신의 삶에 큰 도움이 될 것이다.

백문불여일견百聞不如一見이라고, 열 번 듣는 것 보다 자신의 눈으로 직접 보고 확인하는 것이 중요하다. 2030대에는 국제정세의 판단 능력을 기르고, 세계의 흐름을 읽을 수 있는 힘을 길러, 세계무대에서 마음껏 활동 할 수 있도록 노력해야 한다.

"Liberty Without learning is always in peril and learning Without Liberty is always in Vain."

배움이 없는 자유는 언제나 위험하며, 자유가 없는 배움은 언제나 헛된 일이다. John F. Konnedy 존 F 케네디(1917-1963)

Boys Be Ambitious! 청소년들이여! 대망을 품어라!
긍정적인 생각으로 긍정적인 참삶을 살도록 노력하면 즐겁고 행복하다. 자존심을 기르자!

일본여행, 어학연수, 일본유학

국제화·정보화시대의 물결을 타고 2016년 한해 동안에 500만명이 일본으로 출국했다고 한다. 젊은이들의 해외유학, 어학연수, 해외여행이 자율화되어 방학을 이용하여 가깝고도 먼 나라 일본에도 문화체험과 산경험의 지식을 얻고 자신의 미래를 준비하기 위해 많이 가고 있다.

교통비와 물가가 비싼 일본에 여행을 하려면, 값싼 유스호스텔(1박 3만원)등의 숙박 장소와 음식점, 관광명소, 교통요금, 경비 등에 대해서 사전에 계획을 철저히 충분히 세워 예비지식을 가지고, 여유있는 마음으로 출발해야 후회 없는 즐거운 여행을 할 수 있을 것이다.

도쿄 시내(皇居, 國會, 明治神宮, 東京탑, 銀座, 靖國神社, 新宿, 秋葉原, 上野, 東京大學)의 1일 관광여행은 도쿄역 뒤에 있는 하토 버스(10만원)를 이용하면 좋다. 짐을 꾸릴 때는 상비약과 김치, 멸치, 고추장, 김 등의 밑반찬을 꼭 챙기고 가면 좋다. 일본 전국을 일주일 정도 여행하려면 한국의 여행사에서 팔고 있는 신간선新幹線일주일 정기권인 J. R패스(27만원)를 구입하면 교통비용이 싸게 들고 아주 편리하다. 특히, 부산항과 일본의 시모노세끼 下關항에서 매일 오후 5시에 출항하여 다음날 오전 8시에 한국과 일본에 각각 도착하는 패리를 이용(왕복 10만원)해도 좋은 추억의 여행이 될 것이다. 도쿄의 날씨는 부산의 날씨 정도로 생각하면 된다.

일반적인 여행 코스로는 도쿄東京의 후지산富士山 ↔ 오사카大阪의 성城 ↔ 교토京都의 니조성二淨城 ↔ 나라奈良의 호류지法隆寺와 도다이지東大寺 ↔ 히로시마廣島와 미야지마宮島 ↔ 후쿠오카福岡의 다자이후大宰府 ↔ 규슈九州의 활화산인 아소산阿蘇山 등을 구경하고 벳푸別府에서 온천을 즐기는 것도 여행의 멋이 아닐까?

또한 여행이 아니라 유학이나 어학연수를 계획하는 사람은 확고한 신념과 목포를 세우고 어학실력과 생활에 필요한 경비, 진학에 관한 정보와 자료를 선후배, 지도교수와 상담하는 것이 중요하다.

한국에서 대학을 졸업하고, 대학원에 진학할 사람은 유명한 도쿄 6대학이나 지방 국립대학을 선정하여, 그 대학에서 연구생 제도(청강생) 6개월~1년 코스를 활용하는 것이 좋다. 일본은 학비와 물가가 비싸서 1개월 어학연수는 약 150만원, 3개월에는 약 500만원, 1년에 약1000만원 정도가 필요하지만 아르바이트도 가능하다.

따라서 외국어, 과학, 기술 등의 국비유학생·연수생 등을 대폭 확대하는 정부의 유학정책과 지원이 아쉽기만 하다. 아직도 우리는 해외유학, 해외연수가 부족하고 빈약하다.

일본인은 1년에 15만 명이 미국에 유학을 가고, 4천만 명 이상이 해외여행을 가고 있으며, 일본의 중·고교 5백개교 정도가 매년 한국으로 수학여행을 오고 있는데 우리는 어떠한가? 일본탐방, 세계연구, 국제화에 적응하기 위해서는 우리 젊은이들의 해외연수, 유학, 해외여행의 기회를 정부에서 대폭 늘려 주어야 할 것이다.

잃어버린 청춘시대

한국의 청소년들은 초 6, 중 3, 고 3까지 12년 동안 가정이나 학교의 사랑과 관심보다는 스파르타식 교육으로 학교 갔다 오면 바로 학원 가야하니 지쳐서 비실비실 시들고 있어 참으로 불쌍한 청소년 시기를 보내고 있는 것이다.

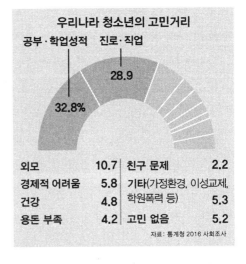

우리나라 청소년의 고민거리

공부·학업성적		진로·직업	
32.8%		28.9	
외모	10.7	친구 문제	2.2
경제적 어려움	5.8	기타(가정환경, 이성교제, 학원폭력 등)	5.3
건강	4.8		
용돈 부족	4.2	고민 없음	5.2

자료: 통계청 2016 사회조사

대학생들 역시 학교 다니고 학원 다니면서 취업준비 하느라 죽을 지경이다.

1030의 성장기 시대에 풍부한 감성과 인성을 길러야 하는데 적성과 인성, 교양과 상식을 떠나서 억압적으로 경쟁의식만 키우는 잘못된 교육풍토 때문에 한국의 젊은이들이 억울하게 잃어버린 청춘시대를 정신력으로 극기훈련을 하면서 보내고 있어서 불쌍하기 그지없다.

취업은 안 되고 돈이 필요해서 대부업체에서 신용대출을 받으면 법정최고금리인 27.9%를 물고 있는 말이 안 되는 후진국 법과 시간당 최저임금 6470원이라는 말이 안 되는 후진국 법의 사각지대에서 젊은이들과 서민을 괴롭히고 있는데 법 개정이 없으니 서글프다.

　미국이나 일본 같은 선진국은 이자가 1%도 안 되니 젊은이들과 서민들이 도움을 받고 있는데, 우리나라의 청년들은 이자가 5%이니 너무 힘들고 불쌍하게 살아가고 있는 것 같다.

　사교육의 부작용으로 스트레스와 우울증을 앓고 정신과를 찾던 학생 환자들은 성장한 뒤에도 트라우마를 극복하지 못하고 부적응, 낮은 자존감, 우울 증상 등의 중독증상에 시달린다.

　건강보험공단에 의하면 전국의 미성년자 정신과 진료 환자 수는 2015년에 16만6867명이고, 사교육 스트레스인 우울증 증상으로 치료를 받은 학생은 2만550명이라 하니. 그야말로 상실의 시대인 것 같다.

　2018년부터 최저임금이 시간당 7,530원으로 오르면, 중소기업은 타격이 너무 크다고 하니 걱정된다. 법정최고 금리도 27%에서 24%로 내린다지만, 선진국형으로 모든 것이 바뀌어야 대한민국에서 살맛이 날 것 같다. 인생은 실패가 없으면 성공도 없다.

　애플을 탄생시킨 스티브 잡스는 애플회사에서 퇴출되어 쫓겨났지만, 의욕과 창의성으로 넥스트와 픽사를 창업하여 다시 애플에 복귀했던 것이다.

　“하루에 새벽이 두 번 오지 않듯이,
　젊은 시절은 두 번 다시 오지 않고,
　세월은 사람을 기다리지 않는다.”　　　　－ 도연명

대학생의 취업문제

지금 당장 국가에서 50 만원을 중소업체에 지원하면, 월급 130만원이 180만원으로 되어 취업 희망자가 훌쩍 뛰어오를 것이다.

취업이 싫으면 자기의 취미나 적성을 살려서, 하

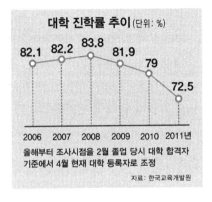

대학 진학률 추이 (단위: %)

82.1 82.2 83.8 81.9 79 72.5

2006 2007 2008 2009 2010 2011년

올해부터 조사시점을 2월 졸업 당시 대학 합격자 기준에서 4월 현재 대학 등록자로 조정

자료: 한국교육개발원

고 싶은 분야의 자격증을 따서 자기 사업을 할 수 있게 지원해주는 것도 좋은 정책일 것이다.

미국이나 일본, 독일이나 프랑스 같은 선진국에서는 직업에 귀천이 없어지고 있듯이 우리나라도 천천히 따라 가고 있지만, 독창성을 살릴 수 있는 창업에 관한 지원 부문은 특히 아쉽다.

고령화시대에 의사나 간호사, 사회복지사, 심리상담사 등의 수요가 급증하고, 핸드폰이나 전기 차, 자율주행 차, 스텔스 비행기, 드론, 태양광, 로봇 산업, 의약품 같은 4차 첨단산업이 필수적으로 발전 가능성이 높을 것이라고 전망하고 있다.

한국에서도 선박이나 철강, 자동차 산업 같은 제조업이 수출에 가장 중요한데, 크게 흔들리고 있으니 국가의 피해가 치명적이어서 실업률이 높아지고 있으니, 최근에는 대학을 나와도 학과에 따라서는 절반도 바로 취업이 쉽지 않으니 큰 문제이다.

2017년 4월 8일에 9급 공무원 4910명을 뽑는데 22만 8368명이 응시해 약 50:1의 경쟁률이니 대한민국의 청춘들이 모두 공시족이니 지금 참으로 우습지도 않다.

대기업의 연봉은 약 4000만원인데 중소기업의 연봉은 약 2000만 원 이하이니 임금격차가 너무 크다. 경험이 중요하다고 난리들이니, 고교나 전문대를 나와도 체험을 하고 자격증을 따느라 정신이 없고, 경력을 쌓은 사람이 대기업으로 이동하기가 훨씬 유리한 형국이다.

특히, 문과는 이과보다 더욱 취업의 문이 좁다보니 공무원시험이나 경찰시험을 준비하느라 1~2년간 100:1로 힘들게 고생하거나 대학원에 진학하고 유학을 가서 더 배워야 취업이 되는 힘겨운 고생과 괴로운 투쟁을 젊은이들이 계속하고 있으니 가슴이 아프다.

최근 뉴스에서 대학졸업자 100명 중에 40명 정도가 취업한다고 한다.

특히, 최근의 한국사회는 젊은이들의 실업률이 12%로 대학 졸업자도 1백만 명 이상이 백수 백조라고 하니 보통일이 아니다.

너무나 심각한 사회문제이다. 정부가 해결해야 한다.

대학을 1년에 약 38만 명이 졸업하는데, 취직할 일자리는 10만 개 정도라 하니 집에서 놀고 있는 것도 이해하지 않을 수 없다. 일본의 대졸자는 100% 취업인데, 우리는 취직한다는 것이 정말 큰일이다. 정부가 당연히 서둘러 대책을 내놓아야 할 것이다. 청년들은 이 나라의 보물이기 때문이다!

자기소개서 작성법

자기소개서를 항상 컴퓨터로 작성하는 것보다는 가끔은 자기 손으로 예쁘게 적은 글씨가 면접관의 눈에 잘 띄어 유리한 점수를 받는 경우가 있다고 한다.

자기소개서는 진정성 있는 사실을 객관적으로 적고 솔직하게 말해야 한다.

회사에서는 영어 이외에 외국어를 하는 사람이나 어학연수, 여행 같은 경험을 중요하게 보고, 객관적인 교수님의 추천이 회사에서는 취업이나 면접점수에 크게 영향을 주므로 평소에 성실한 학교생활을 하는 것도 매우 중요하다.

창의적이고 열정과 인간미를 겸비하고, 인내심과 인성이 바른 사람은 언제 어느 시대에서나 필요로 하는 것이다.

일본에서는 30년 전에 SONY 회사에서 이력서에 출신지역이나 출신 대학이름을 생략해서 선풍을 일으켰다. 즉, 선입관을 없애고 지원자의 열정과 능력을 이력서와 면접에서 중시하는 방법이었다. 그러한 서류전형에서는 지원동기와 자격증이 당락을 가르니 강점을 잘 써야한다.

원서나 서류를 접수할 때 학점이 높을수록 그 사람의 성실성을 높게 평가하므로 자기의 성적관리를 잘하고, 토익점수도 중요하지만 여행

경험이나 알바체험의 스펙을 쌓고, 자기소개서에 경력과 도전정신을 자세히 기록하면 훨씬 유리하다.

자기소개서를 읽어보고 학업성적의 변화 및 가정환경과 봉사활동의 실적 등을 참고해서 학생을 면접해서 객관적인 정성평가로 대학입시에서 선발하는 제도가 '학생종합부전형제도'인 것이며, 회사에서도 이런 시스템을 그대로 면접 때 사용하고 있다.

자신의 소질과 재능을 살려서 적극적으로 활동하고, 면접과 자기소개서에 자신의 적성과 계획을 자세히 소개하고 입증할 만한 기록을 정확하게 적어야 한다.

자기소개서에는 기승전결로 간단명료하게 중요한 사항을 자세히 서술하고, 질문에 대답도 차분하게 할 수 있도록 집에서 거울을 보고 몇 번이고 연습을 해야 한다.

자기소개서는 틀린 글자나 맞춤법부터 점검하고, 내용을 자세히 정확하게 설득력있게 잘 써야 서류에 합격해서 면접을 할 수 있기 때문에 자소서에서 탈락하지 않도록 해야 한다.

인생의 황금기인 청춘시대를 자기소개서를 100번씩이나 쓰면서 몇 년이고 허송세월을 보내고 이젠 구직을 포기하고 그냥 쉬는 청년(15~29세)도 약 50만 명에 이르고 있는 젊은이들의 현실이 너무나 답답하고 서글프지만, 또 일어서야 기회가 찾아오는 것이다.

면접과 논술의 대책

면접에서는 적극적이고 성실한 실력 있는 사람을 뽑고 싶어하기 마련이다.

리더십과 지도자의 역량을 가지고 있는지, 관련분야에서 성공할 가능성이 있는지 등을 면접하는 것은 중요한 일이다.

특히, 논술시험에 대비하기위해서는 신문의 사설을 많이 읽고, 사회문제를 창의적으로 생각해 보고 반드시 여러 번 발표 연습을 해봐야 또박또박 대답할 수 있다.

군계일학群鷄一鶴으로 면접관의 눈에 띄어야 합격合格에 유리하다.

예를 들면, 청소년의 문제점, 청년취업문제, 실업문제의 해결책, 한국사회의 문제점, 명예퇴직문제, 한중일미의 국민성, 자살의 대책, 사형 제도를 찬성 또는 반대하는 이유, 공교육의 문제점, 사교육의 문제와 해결책, 학교폭력의 대책, 대통령제와 의원내각제의 장단점, 독도문제, 위안부문제, 오늘의 한·중·일의 문제, 환경문제, 원자력 발전소의 문제, 북한의 핵문제, 남북문제의 해결책, 중국의 동북공정, 사드문제, 오늘의 한·중문제의 해결방법, 여성의 품격, 리더의 덕목과 자격, 한자교육의 찬반론,

행복의 조건, 인생이란, 사람은 왜 사는가 등 예상문제를 100개 정도 골라서 여러 번 연습을 하면 대학입시나 취업의 면접과 논술에서 훨씬 유리하다. 면접이나 논술에서는 자신의 생각과 새로운 대안과 창의적인 방향을 제시하고, 객관적이면서도 논리적으로 잘 표현해야 높은 점수를 받을 수 있다.

자격증이나 외국어능력 및 어학연수 경험은 면접 점수에서 유리하고, 훗날 승진점수에도 크게 적용되지만 면접에서는 겸손한 자세로 또박또박 차분하게 대답을 잘 해야 합격한다.

자기소개서에서 간단명료하게 중요한 사항을 자세히 서술하고, 기술한 내용에 대해서 질문을 하면, 정확하게 대답하는 연습을 충분히 해야 한다.

예를 들어, 최근에 감명깊게 읽은 책은 괴테의『젊은 베르테르의 슬픔』이고, 영화는 "타이타닉"이었다면, 그 내용도 요약해서 대답할 줄 알아야 한다.

면접과 논술은 조리 있게 생각하고 말하고 쓰는 능력이 중요하다. 상대방의 말을 경청하고, 토론하는 습관을 길러야 한다.

자기의 장단점을 파악해서 약점을 보완하고 강점을 부각해서 자신 있게 표현해야 한다. 그 회사와 관계있는 일을 체험하고, 자격증을 준비하고, 그 회사의 발전에 필요한 인재로서 아이디어와 자신만의 체험과 스토리, 비전 등을 제시해야 인정받아 합격할 수 있다.

예를 들어, 롯데그룹에 응모했다면, 사드문제로 중국에서 휴업하는 롯데마트의 해결책을 말하고, 롯데 125층 555미터의 빌딩은 한국인의 자존심을 살려주었으며, 롯데에 입사하면, 일본, 중국에 파견도 가서 한국인의 친절하고 근면한 이미지를 심어주고 롯데발전을 위해 누구보다 최선을 다하겠다고 자신 있게 말해야 한다.

자신의 정보와 지식, 창의성과 콘텐츠로 자신의 장점과 가치를 높여야 합격한다는 사실을 명심하자.

힘을 길러 백수탈출로 청춘을! 인생을!
멋있게, 아름답게, 행복하게 살아보자!
젊은이라면, 도전 정신이 꼭 필요하다.
자신의 콤플렉스를 버리고,
정직한 자존감을 길러야 발전한다.

"인간은 결국 자신의 그릇만큼의 인생밖에는 살 수가 없다."
-사르트르
오늘날에 나를 만들어 준 것은 조국도 어머니도 아니고,
내가 태어난 작은 마을의 초라한 도서관 이었다.   -빌게이츠

청년일자리

최근 세계적으로 불경기가 지속되어 청년실업률이 높아져서 한국 12%, 스페인 25%, 일본 3%, 미국 5% 정도이다.

취준생 70만명에게 청년일자리를 서둘러 창출해주자.

청년실업과 양극화문제의 해결책은 너무나 간단하다! 정부에서 매월 50만 원 정도만 중소기업에 보조해주면, 연봉이 약 2000만 원 정도되니 경찰이나 공무원만 바라보던 청년들의 시선을 어느 정도 돌릴 수 있을 것이다.

사실 대기업의 연봉은 약 4000만 원 이상인데, 중소기업의 연봉은 약 1500만 원 정도이니 젊은이들이 취업을 꺼릴 만하다는 것이 사실이다.

고사위기에 처해있는 영세 중소기업의 존립을 위협하는 만성적인 구인난을 해결하는 방법이 문제이다.

주 7일 근로시간 68시간을 52시간으로 줄여서 취업을 늘리려고 했으나 중소기업단체에서 반발하였다. 지금도 중소기업은 부족한 인력이 26만 명에 이르고 미충원 인원만도 8만 명 이상이라며 반발하고 있는 것이다.

이런 문제야말로 국가에서 중소기업에 임금을 보조해주면 해결될 일이 아닌가. 방법은 얼마든지 많다.

2017년 3월 30일 동아일보와 초록우산재단이 중고생 710명에게 했던 설문조사에 의하면, 청년실업해소와 빈부격차해소가 제일 큰 문제이며, 한국사회는 의롭지 않다고 중고생의 50%정도가 말하고 있으니 참으로 한심스런 나라인 것 같다. 이게 나라인가? 반문하고 싶다.

경제를 활성화시키고, 회사의 경영을 개선하여 생산성을 높여야 하며, 국제 경쟁력과 시장 확대를 위해서는 품질향상, 제품의 고급화, 생산비 절감, 서비스 정신과 기술개발이 우리 경제의 살길이다. 경영인의 국내투자와 적극적인 자세가 필요하고 중소기업의 사내연수, 품질관리, 재교육이 중요하다. 근로의식인 직업정신과 기업가 정신이 아쉽다.

그동안 10년 전부터 대기업들이 해외에 공장을 이전하고, 해외에 투자를 하여서 국내 일자리가 부족하여 취업이 힘든데 2016년도 해외투자 40조원으로 고용인원이 24만 명이나 줄었다 하니 대기업들의 유턴이 필요한 시기인 것 같다.

대한상공회의소의 2017년 5월 3일 발표에 따르면 2005~2015년 국내 제조기업의 해외 고용인원은 53만 2652 명에서 162 만4521명으로 3배로 늘어난 반

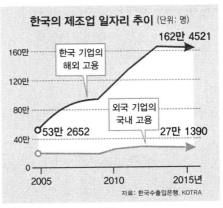

한국의 제조업 일자리 추이 (단위: 명)

162만 4521

160만

한국 기업의
해외 고용

120만

80만

외국 기업의
국내 고용

27만 1390

40만

53만 2652

0

2005　　　2010　　　2015년

자료: 한국수출입은행, KOTRA

면에, 외국 제조기업의 국내 고용인원은 19만 8910명에서 27만 1390명으로 1.4배 증가하는 데 그친 것으로 나타났다. 이는 통계 작성 이래 가장 크게 벌어진 것이다. 해외로 나간 공장 10%만 유턴해도 29만 개 일자리가 만들어진다고 한다.

청년실업자 61%에 해당하는 숫자다. 미국 일본 독일 등 선진국들처럼 지금 파격적인 규제 철폐와 세금 감면으로 해외로 나간 기업들을 선진국들처럼 불러들여야 좋은 일자리가 많이 생긴나.

한국이 세계시장의 중심지로써 국제화의 선두주자가 되기 위해서는 부정부패의 척결과 노사화합, 기술개발, 품질향상, 해외시장개척, 자기반성의 국민의식개혁이 선결과제인 것 같다. 언제쯤 선진국이 될까?

전문 인력의 양성 또한 시급한 문제이며, 세계의 무역장벽은 높아만 가고 경제전쟁은 더욱 치열해 질 것인데, 공동목표를 향한 국민의 단결과 노사협조와 투명한 책임경영 없이는 결코 경제전쟁에서 살아남을 수 없을 것이다.

한 권의 좋은 책冊이 나의 인생人生을 바꿀 수 있다.

근로시간 단축 문제

한국의 연간 노동시간은 2015년 기준 2113시간으로, 경제협력개발기구OECD 34개 회원국 평균 1766시간에 비해 347시간(약 20%) 길어 OECD보다 연 10주 더 일하고 있다.

경제·사회의 질적 도약을 위해 근로시간의 단축이 선행돼야하고, 기업들이 이윤확대를 위해 인력 규모를 최소화하기 때문에 규제가 필요하다고 하지만, 산업계에선 노사 자율에 맡겨 경영환경과 근로시간 운영을 자유롭게 정하는 것이 적합하다고 주장한다. 미국은 근로시간 규제가 없지만, 초과근무를 할 때는 가산수당 50%를 받을 수 있다.

영국은 주당 최대 근로시간을 48시간으로 두고 있지만 노사 합의에 따라 60시간까지 늘릴 수 있다. 독일도 단체협약을 통해 하루 근로시간을 조정할 수 있다. 프랑스는 하루 10시간, 주 35시간이다.

한국의 법정 노동시간은 주 40시간과 노사 당사자 합

의로 주당 12시간까지 초과근로가 가능하다. 법정 노동 시간을 적용받지 못하는 '사각지대' 노동자는 1257만 명 이므로 2015년 기준 전체 임금노동자 1990만 명의 63.2% 로 10명 중 6명 이상이라 한다.

고용노동부는 휴일근로를 연장근로에 포함시키지 않는 것으로 '1주= 5일'로 인정하는 비상식적 해석을 내리면서 1주일에 총 68시간(주중 연장 근로 12시간, 토요일 8시간, 일요일 8시간)의 징시간 노동을 시켜도 법 위반의 문 제가 발생하지 않는다는 잘못된 해석을 하여, 그 결과 실제 노동 시간이 주 52시간을 초과하는 근로자는 고용부 통계로 2015년에 107만 명이다. 장시간 노동의 개선은 한국 경 제·사회가 질적 도약을 하기 위한 지상 과제이고, 노동시 간 단축은 장기 침체된 내수 경기에 활력을 불어넣을 수 있다.

저임금과 저부가가치, 장시간 노동의 악순환 고리를 끊어내고 적정 임금과 고부가가치, 노동시간 단축의 선순환 구조로 전환해야 한다.

세계 10위권의 경제력을 갖추고 있는 한국이 저개발국가 수준의 장 시간 노동시스템에 의존해 우리나라 근로자의 평균 노동시간은 연 2113시간으로 경제협력개발기구OECD 국가 중 멕시코 (2,246시간) 다음으로 많다.

한국경제연구원에 따르면 근로시간 단축에 따른 중소기업 비용 부 담은 연 8조 6000억원으로 추정되며, 중소기업의 경우 대기업과 달리 급여 지급 여력이 크지 않기 때문에 근로시간이 감소한 만큼 임금을 줄

일 가능성이 높다. 외국인 근로자에 대한 의존성이 높아진다.

외국인 근로자 1인당 월평균 노동비용은 2014년 기준 211만원으로 내국인 근로자에 비해 결코 낮지 않다.

제조현장에서는 높은 급여 수준에도 불구하고 외국인 근로자 비중이 계속 증가하고 있다. 중소기업의 88.5%가 '내국인 근로자 구인의 어려움과 지금도 약 10만여 명 정도의 인력이 부족하다'를 그 이유로 꼽고 있다.

정부에서 실업대책을 세우고, 일자리를 늘리고, 고용시간을 줄여야 많은 청춘들이 취업할 수 있다.

노사勞使가 상생相生해야 행복한 삶이 이루어진다.

한국은 2018년부터 시간당 최저임금이 7,530원이니 일본 7,200원 보다 비싸므로 일본인들이 "한국으로 돈 벌로 가자"고 언론에서 비아냥거리고 있다. 일본은 2017년 10월부터 지역별로 다르지만, 전국 평균최저임금을 848엔(8,480원)으로 3% 오른다. 임금상승으로 영세업체는 힘들지만 경기부양 효과는 크다.

"습관이란 인간이 어떤 일이든지 하게 만든다." -도스토에프스키

"기회는 새와 같은 것. 날아가기 전에 꼭 잡아라." - 스마일즈

"사람은 고생을 면할 수 없다. 그러나 잊을 수는 있다."
-디즈레일기

"위기의 시기에는 가장 대담한 방법이 때로는 가장 안전하다."
-키신저

성공하는 사람의 조건

1. 타인을 배려하는 마음과 따뜻한 사랑이 필요하다.

2. 힘든 환경을 스스로 극복할 줄 알아야 한다.

3. 가정과 자녀에도 모범을 보일 수 있어야 한다.

4. 성실하고 부지런해야 성공할 수 있다.

5. 꿈과 희망을 가지고 웃으면서 생활해야 한다.

6. 적극적으로 상대방과 어울리는 자세가 필요하다.

7. 다른 사람에 대한 험담을 하지 말아야 한다.

8. 잘 나가는 사람에게서 그들의 노하우를 배워야 한다.

9. 자신의 강점을 보이고, 약점을 보이지 말아야 한다.

10. 긍정적인 생각을 가지고 재치있게 말할 줄 알아야 한다.

청년실업대책

　매년 대학에 60만 명이 응모應募하여 40만 명 이상이 진학進學하고 졸업卒業하지만 좁은 대한민국大韓民國에는 매년 20만 명 정도밖에 취업할 일자리가 없어서 대학 졸업 후 2, 3년은 취업준비를 하고 있는 실정이니 취업문제가 너무나 심각하다. 정부가 책임지고 대책을 세워야 한다.

　2016년 4월, 한국의 청년실업률은 12%로 10명 중 1명은 '백수신세'로 107만 여명이 놀고 있다고 통계청이 5월 10일 발표했으나, 실제실업률과 캥거루족은 훨씬 더 많은 200만 여명 정도로 추정된다.

　2017년 1월 11일 통계청의 발표에 의하면, 실업자는 101만2천명이고, 15~29세의 청년실업률은 9.8%였다.

　전체취업자는 2,623만명 이지만, 평균연봉이 공공기관은 7,000만원이고, 대기업은 6,544만원이고, 중소기업은 3,363만원이고, 비정규직은 1,883만원이라고 한다.

　임금수준의 양극화는 분배정의에 어긋난다. 일자리 창출과 연봉개혁을 해서 대기업과 중소기업의 격차를 줄여야 한다. 한국은 대기업과 중소기업, 정규직과 비정규직 간의 임금 격차가 너무 심각하다.

젊은이들이 열악한 중소기업의 취업을 기피하여, 3K나 3D 업종에는 외국인 노동자들이 수십만 명이 와서 일한다.

2008년부터 "외국인 100만명 시대"가 되어 2014년에는 외국인이 160만명이 되었으니, 취업도 아르바이트도 할 곳이 없어지는 최악의 청년실업률은 부끄러운 일이다.

헬조선에서 젊은이들이 결혼을 포기하고, 출산을 기피하는 이유는 경제적 부담과 사교육비, 집값의 부담이 너무 크기 때문이다.

아이를 낳아 대학까지 졸업시키는데 양육비와 교육비가 3억원이 필요하고, 아파트도 3억원 정도이니 힘든 실정이다.

이런 현실 때문인지 한국 청소년들은 주변 사람과 더불어 조화롭게 살아가는 능력이 약한 편이다.

청소년의 사회적 상호작용 역량은 이질적인 상대와 조화롭게 살아가는 능력과 연관된다. 세계화, 다문화 시대의 주역인 청소년들의 정부와 학교에 대한 신뢰도 역시 다른 나라보다 매우 낮다고 한다.

한국 청소년들의 '더불어 살기 의식'은 세계世界 꼴찌라 한다. 정말로 이제는 문제 해결이 시급한 상황이다.

대한민국의 자연 속에서... 생활의 여유를 갖자!

성공의 지름길

진정으로 성공한 사람은 항상 침착하면서 인내하고 노력한다. 목표를 세워야 방향이 정해지고 계획은 성공의 지름길이다.

계획은 인생의 나침판이다. 성실하고 정의로운 사람은 정직과 열성, 불의와 타협하지 않고 선택한다. 성공한 사람은 매일 1cm, 하나씩 깨달아서 발전하고 행복해진다.

칭찬과 격려는 더 빨리 성공으로 안내하는 길이다.

좋은 습관을 기르면서 인내하고 노력해야 성공하고, 나쁜 습관을 기르면 실패한다. 당당하게 자신 있게 행동하라.

소인과 대인을 구별하는 중요한 기준은 바로 책임감과 마음가짐이다.

작은 실수가 쌓여서 큰 문제가 되듯이 의지력이 약하면 실패한다. 세계의 지도자들 중의 50%는 흙수저로 가난한 가정에서 성장했다. 부정보다는 긍정적인 삶, 무책임보다는 책임으로 지금 실천하고 행동해야 한다. 강연과 세미나에 부지런히 참석하여 배워야 발전한다.

젊은이는 과거보다는 현재에 충실하면서 작은 일부터 실천하라. 누구나 생활하다보면 어처구니없는 배반자도 만나고 교활한 사람 때문에 실망하고, 괴로움을 받게 되고 헐뜯는 적도 만나게 되는 것이다. 나쁜 사람은 서로 의심하고 방해하고 혐오하고 배반하는 속물이므로 피하고 상대할 필요가 없다. 세상에는 정직하고 양심 바르고 성실한 좋은 사람도 많으니 그들과 어울려야 품위가 있다.

"물고기를 주는 것보다, 물고기를 잡는 방법을 가르쳐라."

고양이가 쥐를 잡을 때도 최선을 다하듯이, 젊었을 때 시간을 허송세월하면 기회는 지나가 버린다. 보들레르의 "악의 꽃" 같은 시를 읽고, 프루스트의 "잃어버린 시간을 찾아서" 같이 좋은 글을 읽어서 교양의 힘을 쌓고 길러야 참삶을 살 수 있는 국제적인 교양인이 될 수 있다.

젊었을 때, 할 수 있을 때, 용기를 가지고 부지런히 최선을 다해야 한다. 책과 싸우고, 운동도 하고 자기 자신을 믿고, 인생의 기적을 믿고, 많은 경험을 쌓고, 배우는 일과 운동하는 일에 게을리 하지 않고, 성실하고 부지런해야 성공한다.

젊은이라면, 과거에 사로잡히지 말고 앞으로 미래로 나아가야 인생이 즐겁고 행복하다.

젊은이는 노인을 '바보'라고 말하지만, 노인은 젊은이들을 '바보'라고 생각하고 있다.　　　　　　　　　　　- 채프먼

청춘불패 靑春不敗

청춘불패의 젊은이들이 갖추어야 할 자세는 돈이나 권력보다는 꿈을 가지고 다양한 세상을 경험하고, 나눔의 세상과 함께 봉사하려는 자세다. 젊은 그대여! 일어서라!

험악한 세상에서 남에게 사기당하고 기만당하지 않고 살아가는 지혜의 힘을 청춘시대에 길러야 한다.

학창 시절은 순수하고 아름답지만, 온갖 유혹과 시련에 부딪치지 않을 수 없다. 돈도 없고 공부는 안 되어 힘들지만 일어서야 한다. 그래도 거센 세상과 싸우면서 살아가는 부모님을 생각해서라도 분발해야 한다.

1980년대 한동안 일본에서 제일 부자로 한국의 자존심을 살려주었던, 롯데그룹의 신격호 회장(95)은 1941년 스무살 때, 부산항에서 시모노세키로 밀항했을 때, 단돈 83엔(약 1천원)과 『젊은 베르테르의 슬픔』이라는 책 한 권을 가지고 있었다 한다. 그는 일본에서 껌과 초콜릿 시장을 평정하고 롯데제과, 롯데그룹을 창업하여 1980년대 일본 최고의 부자가 되었으며, 롯데그룹은 한국 5위의 대그룹이 되었다. 그는 92세가 넘었음에도 2015년까지 현역으로 한국과 일본을 왕복하면서 활동한 사람으로 유명하다.

일본 최대의 가전회사인 파나소닉과 내셔널 회사를 설립하여 '경영의 신神'이라 불리는 마쓰시타 고노스케松下幸之助는 가난해서 초등학교 밖에 못 나왔지만, 직원이 10만 명이 넘는 회사를 설립하고, 최근에는 정경숙政經塾을 만들어 일본의 정치와 경제의 지도자를 양성하고 있다. 마쓰시다 고노스케 회장은 "집이 가난해서 더 부지런히 일했으며, 몸이 허약해서 날마다 열심히 운동을 했고, 초등학교 밖에 못 다녀서 세상 모든 사람들을 스승으로 생각하고 열심히 배워서 성공했다."라고 말하였는데, 역시 그런 것을 보면 성공한 사람들은 모두가 자신의 약점을 극복하고 자신의 특징으로 만들었기 때문에 성공한 것이다.

마쓰시다 고노스케는 "못 배우고, 몸이 약하고, 가난한 집에서 태어난 것이 나의 가장 큰 행복이다."라고 말한다. 불행한 자신의 환경을 긍정적으로 생각하고, 자기 할 일에 열중하여 세계적인 기업을 만들 수 있었던 것이다.

"인간 100세 시대에 미래를 준비하는 길은 무엇일까?"

루소는 "10대에는 과자에 움직이고, 20대에는 이성異性의 연인戀人에 움직이고, 30대에는 쾌락快樂에 움직이고, 40대에는 야심野心에 움직이고, 50대에는 탐욕貪慾에 움직인다." 고 말하였다. "우리가 인생이란 무엇인가를 알기 전에 이미 반은 지나가고 있다." 성공한 사람들처럼 건강할 때에 계획을 세우고 준비해야 인생의 삶을 행복하고 즐겁게 보낼 수 있다.

젊은이는 일단 몸이라도 건강하니 명랑한 태도로 자기 일에 전념해야 발전할 수 있고, 모든 사람에게 24시간은 평등하니, 불평불만만 하고 있을 때가 아니다. 젊은이는 매일 새 출발을 해야 발전한다.

미국의 젊은이들은 18세인 대학 시절부터는 부모에게 의존하지 않고 자립심自立心을 기른다. 사회에 봉사할 수 있는 자신의 능력을 길러야 취업就業도 하고, 결혼結婚도 하고 행복幸福하게 잘 살 수 있기 때문이다.

이외수 작가는 베스트셀러『청춘불패』에서 다음과 같이 말한다.

"누구에게나 아침은 온다.
백조면 어떠하고 오리면 어떠한가.
그대에게도 그대에게 주어라
그대만의 삶이 있을 것이다.
그대 가슴의 그릇을 넓히기를...
어차피 공수래공수거空手來空手去의 인생!
지금부터라도 군자가 되는 연습을 하자.
가끔은 이유 없이 개들이 사납게 달려들어
내 살점을 물어뜯기도 했지만...
그러나, 자연에게는 자기변명이 필요치 않다.
가슴 하나만 열어두면 그만이다.
내 인생의 가장 큰 밑천은 열등과 빈곤이 없다.

그대도 인륜과 천륜은 저버리고 남들에게 손가락질을 받는 구제불능의 패륜아로 전락하고 싶은가.

그대역시 부모님께 한평생 효도를 다하면서 인간답게 살고 싶을 것이다.

그러나, 가족 조차도 그대의 말을 신뢰하지 않는다면, 그대의 인생은 아직 미완성이다."

뛰면서 생각하자. 청춘시대!

"

에디슨은 "변명 중에서 가장 어리석은 변명은 시간이 없다." 라는 변명이라고 말하였다. 시간의 귀중함과 사용법을 알아야 성공 할 수 있다.

시간이 없다고 시간에 쫓기지 말라! 현재가 중요하다.

과거에 집착하지 말고, 미래에 의존하지 말라.

젊었을 때 열심히 배우지 않고 시간을 헛되게 보내면, 큰사람으로 성공 할 수 없으며, 평생 후회하게 된다.

성공은 노력하는 시간에 달려있다. 성공=노력

시간을 안 지키고, 나태하고, 산만하고, 무관심하고, 방탕하고, 무책임한 자는 지도자가 될 수 없고, 불행의 근원이 된다.

오늘 할 수 있는 일을 내일로 절대 미루지 말라.

한순간의 시간을 잃어버리면 세계를 볼 수 없다.

"

한·중·일 3국의 과제

한중일 3국이 정치, 경제, 군사 등의 문제로 갈등하기보다는 협력하는 관계가 되어야 한다. 세계는 무한경쟁 시대지만, 한중일 3국은 현안문제의 해결을 위해 정상회의를 정례화해야 할 것이다.

한·중·일 3국의 신뢰관계 회복이 무엇보다 중요하다. 세계평화와 인류의 발전을 위해 모든 분야에서 한중일 3국이 서로 협조하고 협력해야 할 때이다.

한·중·일 3국 관계의 문제

한·중·일 3국의 정상회담은 동북아시아의 갈등과 긴장을 해소하고, 평화와 협력에 필요한 외교정책이다.

중국은 핵무기, 스텔스기와 사드까지 배치해 놓고 한국은 못하게 하고, 롯데와 현대 차의 불매운동과 관광금지 등, 경제적으로 한국에 보복하는 것은 치사하고 옳지 않다. 한국도 이런 문제에 있어서는 당당하게 목소리도 내고 군 현대화, 정말로 필요한 것이라면 핵무기 개발이라도 떳떳하게 추진할 수 있어야 하겠다.

중국은 대국답지 않게 관광을 금지시키고, 일본은 선진국답지 않게 독도주장과 위안부 문제의 해결에 올바르게 양심적으로 행동해야지 소인답게 소국답게 행동해서는 안 될 것이다.

중국의 경제보복이나 일본의 자위권 강화와 영토 분쟁 등은 동북아시아와 한중일의 평화와 외교정책에 도움이 안 된다는 사실을 알아야 한다.

한·중·일 3국의 영토의식(독도, 댜오위댜오섬, 동북공정...)

영토문제와 침략문제, 위안부문제 등의 입장은 역사의 자료로 진실을 올바르게 밝혀야 할 때이다.

다만 독도문제는 한일 관계에 대립이 첨예하고, 센카쿠열도(댜오위댜오 섬) 문제로 중·일이 대립하고 있어 지금 해결이 어렵다면 당분간은 그대로 두는 것도 한 방법이다.

3국의 역사교과서 왜곡, 위안부문제, 야스쿠니문제 등은 일본이 미국이나 독일처럼 희생자들이 생존해있는 지금 현재 서둘러 사죄하고 보상해주는 인권문제에 직시 하지 않고, 계속 피하면서 한중일 3국의 과거전쟁과 비극을 해결하지 못하면, 한중일 3국의 협력관계는 더욱더 회복이 어려울 것이다.

한韓·중中·일日 관계의 불편한 전망

아베 신조 일본 총리의 역사수정주의는 바뀔 수 있을까?

동북아 평화협력 구상과 한일관계 안정화를 위해서, 한일관계의 복원을 위한 절충주의적 접근을 생각해 볼 수 있다. 한일 정상이 하루 빨리 서로가 만나서 현실적으로 가능한 협력을 모색할 수밖에 없다.

한일 관계의 평화를 위해서는 일본의 양심적인 국민과 역사학계와 시민사회의 지식인들 사이에 토론 공간을 넓혀 나가는 노력도 소홀히 해서는 안 될 일이다.

그를 위해 동북아 갈등문제는 한·중·일 지도자부터 자제해야한다. 권세도 화무십일홍花無十日紅 이다.

우리나라와 일본, 중국과 일본 사이에 영토갈등이 생기고 동북아 지역의 긴장이 한층 고조되고 있다. 우리나라와 일본 사이엔 독도, 중국과 일본 사이엔 댜오위다오(일본 이름 센카쿠열도)가 '뜨거운 감자'로 화두가 되고 있기 때문이다. 한국인이여! 정신 좀 차리자!

여기에 러시아가 쿠릴열도(일본 이름 북방영토)에 군함을 파견하면서 일본을 축으로 한 동북아의 영토분쟁이 한꺼번에 폭발하고 있는 형국이다.

실효지배를 하고 있는 쪽이 영토분쟁을 부인하고 먼저 쟁점을 만들지 않는 게 국제 상식인데, 일본경찰이 댜오위다오에 상륙한 홍콩 시위대를 체포하고 중일 양국 정부가 자국에 주재하는 대사를 불러 항의하는 것이나, 일본이 이 섬의 국유화 방침을 검토하는 것이 문제이다. 이명박 대통령의 독도 방문도 일본의 지속적인 도발, '일왕 사죄'를 거론하면서, 한일양국관계가 부분 갈등이 아닌 전면적 갈등으로 치닫고 있다는 점도 한 지도자의 사려 깊지 않은 언행이 국제관계에 치명적인 타격을 주었다.

동아시아는 세계최대의 무역과 경제협력이 이뤄지는 성장과 번영의 지역이기도 하다. 대다수의 국민은 당연히 평화 정착을 통한 번영을 간절히 원하고 있다.

한·중·일 정치가들이여! 나라를 말아먹지 말라!

한중일 3국 지도자는 일시적一時的 인기人氣를 위해 배타적 민족주의에 편승하지 말고, 상호 이해와 협력을 통한 갈등 해소에 적극 나서기 바란다. 필요하다면 한중일 3국의 긴급 정상회의도 수시로 열어야 할 필요가 있다. 세계평화를 위해서 일하라.

한·중·일의 대학생

2012년부디 매년 100명씩 국내 대학, 대학원생이 일본과 중국의 대학에서 강의를 듣고 학점을 인정받고 학위를 취득 할 수 있게 되었다.

2010년 5월 한중일 정상회의에서 대학의 교류를 합의하였으며, 학생들은 3개국 대학을 옮겨 다니며 강의를 들을 수 있고 3개 대학의 공동 복수학위도 받을 수 있다.

이런 사업을 지속적으로 발전시키는 것으로 대학생 및 청소년 교류를 증진하여 협력하는 국제 사회에서 동반자 관계로 가야 할 것이다. 한중일 젊은이들이 협력하여 세계 속의 주인공이 되자. 이웃이 잘 살아야 나에게 도움이 된다.

한중일 3국은 정부를 중심으로 공조하면서 21세기 한중일 관계의 심포지엄을 자주 해야 한다. 한중일의 미래 지향적인 관계개선을 위해서 3국이 공동체를 구성하고 긍정적이고 건설적인 방향으로 상호보완적으로 교류와 협력을 확대해야한다.

환경오염과 공동개발 등, 같은 문제와 과제를 공유하고 있는 한중일은 서로 신뢰를 쌓아야 하며 동북아 공동체의 안보협력과 21세기를 향한 한중일 협력은 중요하다.

한국인, 중국인, 일본인의 의식구조

1964년 도쿄 올림픽, 1988년 서울 올림픽, 2008년 베이징 올림픽은 한·중·일의 발전과 같다.

한국인과 중국인과 일본인의 의식구조는 너무나 다르다. 일본인은 혼네(本音 : 속마음)를 털어놓지 않고, 시간을 끌고, 미루는 버릇이 있다. 어떻게 보면 치밀하고 폐쇄적이지만, 우유부단하여 일본인의 입장을 판단하기 어렵게 만든다.

한국인과 중국인은 개성이 강하여 똑똑한 것처럼 즉석에서 극단적으로 쉽게 일을 결정하지만, 일본인은 많이 생각한 후에 적당히 중용으로 융화하는 쪽으로 결정하는 습관이 있다.

일본인은 예스와 노를 확실하게 말하지 않는 경향이 있다.

예를 들면, 일본인들은 입빠이(가득, 한잔), 도우모(부디, 글쎄요, 어서 잘하라, 면목없다, 미안하다)라는 한 단어를 여러 용도로 쓰고 있다. 이처럼 언어 역시 일본인의 불확실한 언동과 같다. 즉, 일본인의 의식구조는 그들의 언어에서도 엿볼 수 있는 것이다.

한국어와 일본어는 경어가 상당히 발달되어 있다.

특히, 한국어는 자기보다 손윗사람에게는 무조건 경어를 쓰는 절대 경어인데 비하여, 일본어는 자기 가족에게는 경어를 잘 안 쓰고 상대방에게만 경어를 쓰는 상대 경어이다. 즉, 한국인은 자기 아버지나 상대의 어머니를 부를 때 아버님, 어머님 하는데, 일본인은 자신의 부모를 부를 땐 지치

(아빠), 하하(엄마)라 부르며, 상대방의 부모를 부를 땐 오토상(아버지), 오카상(어머니)라고 부른다. 또한, 한국어에서는 형, 오빠, 언니, 누나 등으로 나누어져 있는데, 일본어에서는 밑에 사람이 남자이건 여자이건, 손윗사람이 남자이면 오니상(형. 오빠)이고, 손윗사람이 여자이면 오네상(언니. 누나)이다.

한국인과 중국인이 인정적이고 감정적이면서 체면을 중시하는 권위주의적이고 대담한 면을 가지고 있는 반면 일본인은 개인보다는 집단적이고, 모방과 창조를 잘하고, 소심하여 절약적이고 양다리외교에 능하다.

일본사회는 의리와 인정, 양심과 비양심, 과거와 현재가 교묘하게 공존하는 융화주의의 무서운 사회라고도 할 수 있다.

道吾惡者是吾師(도오악자시오사), 나를 괴롭히는 자가 나의 스승이고, 安分身無辱(안분신무욕)이요, 분수를 알고 지키면 욕됨이 없고, 知幾心自閑(지기심자한)이라. 세상 돌아가는 것을 알면 마음이 저절로 편해진다는 중국의 말은 소크라테스의 "너 자신을 알라"라는 말과도 상통한다.

2017년은 8·15광복 72주년이며, 한일국교가 정상화 된지 52년이고, 한국과 중국은 1985년에 국교가 체결되었지만, 한국과 일본과 중국이 아직도 서로를 잘 모르고 있다. 서로를 과소평가하고 한·중·일 3국이 서로 무시하는 것은 서로에게 아무런 도움이 안 된다는 것을 이해하고 서로가 미래지향적으로 우호증진에 노력해야 할 것이다.

중국의 큰 스승인 지셴린李羨林 베이징대학 교수는 12개 국어를 잘하는 겸손하고 정직하고 부드러운 리더로, 빛바랜 옷 서너 벌로 평생을 보낸 고매한 인품으로 생활했다.

그는 "먹는 것을 가리지 않는다." "빈둥거리지 않는다." "수군거리지 않는다."라는 생활상의 삼불三不원칙으로 소박하게 살았다.

친구는 보배

친구는 제 2의 삶이다.

어떤 친구라도 나에게 도움이 된다는 사실이다.

친구들 사이에서는 모든 일이 재미있다.

모든 친구는 또 다른 친구만큼 가치가 있다.

다른 사람들이 나를 친구로 원하도록 하기 위해서는 능력이 있어야 하고, 그들의 마음을 사야 한다.

친구를 얻기 위해서 자신을 친구로 만드는 것이 최고의 방법이다.

우리들은 어차피 친구들 사이에서, 아니면 적들 사이에서 살아야 한다.

매일 장황한 친구들보다는 호의적인 친구를 얻으려 노력해야 한다.

그들 중 몇 명은 나중에 그대의 신뢰자로 선택할 수 있을 것이다.

발타자르 그라시안의 『세상을 보는 지혜』중에서

『논어論語』에서는 익자삼우益者三友를 정직한 친구, 관대한 친구, 박식한 친구라 하였고, 손자삼우損者三友라 하여, 표리부동하여 편협하고 융통성이 없는 친구, 아첨하는 친구, 줏대 없는 말만하는 친구라 했다.

"세 사람이 모이면 문수의 지혜가 나온다." 즉, 석가여래의 좌편에 있는 문수보살의 지혜가 나온다는 말이다.

"세 사람이 행동을 하면, 반드시 내 스승이 있다."는 말처럼, 친구 3명중에는 내가 본받을 것이 반드시 있다는 말이다.

스페인의 문호인 세르반테스는 『돈키호테』에서 "친구를 보면 그 사람을 알 수 있다."고 말했다.

남의 장점을 배워서 자신을 개발해야 훌륭한 리더가 될 수 있다.

불경佛經에 친구가 되는 3가지 조건이 있다.

첫째, 친구의 잘못을 일깨워주는 사람

둘째, 친구의 행복을 기뻐해주는 사람

셋째, 친구의 고난에 함께 하는 사람.

서로 믿음이 있어야 정직한 좋은 친구를 사귀게 되고, 진실한 마음으로 우정을 나누고, 베풀고 사랑을 할 줄 알아야 인정도 도움도 받을 수 있다.

사람은 서로가 신의信義, 성실誠實, 근면勤勉, 정직正直으로 인간답게 책임과 의무를 다하면서 세상을 멋있게 즐겁게 부지런히 후회 없이 제대로 살아야 한다.

긍정적인 생각과 적극적인 자세로 100세 인생의 세상을 넓게 둥글게 밝게 살아가야 할 것이다.

나의 무게?

나의 가치는 얼마나 나갈까? 왜 나는 공부를 해야 하는가?

영원히 살아남기 위해서는 어떻게 살아야 할 것인가? 이것이 나의 무게를 알 수 있는 척도인 것 같다. 삶이 힘들 때 사소한 것에 집착하다가 소중한 것을 잃은 후에 후회할 때는 이미 늦는 것이 인생이다. 공부하고 배울 수 있을 때 좀 더 노력하자. 여기서 도중하차 할 것인가, 좀 더 배워서 능력을 어떻게 활용할 것인가?

물론 공부가 인생의 전부는 아니다. 그러나 공부가 우리의 삶인 평생을 좌우하고, 자신의 목표와 연결해주는 역할을 하고, 세상을 살아가는 힘이 되고, 지혜와 지식을 배워야 능력이 생기고 큰 꿈을 실현시킬 수 있는 것이다. 열심히 노력해서 배우지 않고 나중에 후회하고 변명해도 기회는 없다.

"인생은 아름다운 도전이다."

인생을 왜 사느냐? 라고 나에게 물으면 정답이 없다고 말할 수 있다. 왜냐하면 인생의 목표가 모두 다르고, 삶의 방식도, 행복지수도, 눈높이도, 생각도, 가지각색으로 모두 다르기 때문이다.

"보통 사람은 두 번 태어나는데, 어떤 사람은 세 번, 네

번까지도 태어난다."라는 말이 있다.

즉, 보통 사람은 탄생과 죽음을 체험하는데, 어떤 사람은 아이에서 어른으로 성장하는 과정에서 사춘기를 경험하면서 새로운 가치관을 갖게 되고, 예수나 석가처럼 고상한 목표와 다른 사람을 위해 목숨까지 바칠 각오로 헌신한 사람은 다시 태어난 사람들이다.

인간과 대자연에 대한 사랑과 애정이 있을 때, 우리는 새로운 삶을 경험할 수 있고, 다시 태어날 수 있다는 것이다.

인생의 생生과 사死를 소중하게 후회 없이 보낼 수 있는 정직하고 멋있는 사람이 되자.

서로 격려하고 칭찬하고 사랑하면 반항이나 분노는 없어진다.

실패하더라도 다시 일어서는 오뚝이처럼 칠전팔기七顚八起의 정신으로 젊은이답게 자신의 꿈을 키워야 아름다운 꿈이 이루어진다.

"나는 할 수 있다." 라고 매일 몇 번이고 마음속으로 생각하고 꾸준히 도전하면 안 되는 일이 없다는 사실을 명심하고 웃으면서 힘을 기르자.

칠전팔기七顚八起의 정신으로 일어서면, 뜻이 있는 곳에 길이 있다.

내가 청소년들에게 권하고 싶은 것은 세 마디 말 뿐이다.
"일하라, 좀 더 일하라, 끝까지 일 하여라."   -비스마르크

성공成功이란

"실패는 성공의 어머니"라는 말이 있다.
세상사世上事는 갈등과 불만, 성공과 실패의 연속이다.

청춘의 꿈과 희망을 가져야 발전하고 성공한다.
스펜서 존슨은 『누가 내 치즈를 옮겼을까?』에서, "인생은 때로는 길을 잃고 헤매기도 하고, 가끔은 막다른 길에서 좌절하기도 하는 미로와도 같다. 그러나 믿음을 가지고 끊임없이 개척한다면, 우리에게 성공의 길은 반드시 열린다.
좋은 친구 셋만 있어도 성공이다."라는 주제를, 두 마리의 생쥐와 두 명의 꼬마인간의 변화에 대한 상반적인 태도로 묘사하며 재미있게 이야기하고 있다. 여러분도 꼭 읽어보길 바란다.

인간사人間事에는 때가 있는 것이다. 사람은 모두 실수를 하기 마련이다. "실패는 성공의 밑거름이다."
그러나 똑같은 실수를 두 번씩 반복해서는 절대 안 된다.
"늦었다고 생각할 때가 가장 빠르다."라는 말처럼, 하고자 하는 일이 있다면 생각했을 때, 지금 시작하라. 내일 후회하지 말고.

나는 할 수 있다는 자신감만 있으면 늦지 않다. 꿈을 가지고 목표를 향해 열심히 계획대로 실행하면 반드시 성공할 수 있다.

청년들은 지나간 과거보다는 다가올 미래, 지금 현재가 10배나 더 중요하니, 과거에 얽매여서 소중한 시간을 절대 헛되이 낭비하지 말아야 한다.

실패와 역경을 극복하면 행운이 찾아온다.

불가능은 게으른 자의 변명에 불과하다.

건강한 몸과 마음으로 판단력과 리더십을 기르고, 자신을 사랑하고, 특기와 소질을 개발하고 지식과 지혜를 쌓아야 최고가 될 수 있다.

성공成功 = 노력努力 = 인내忍耐

모든 것은 젊었을 때 구求해야 한다.
젊었을 때 노력한 사람은 늙어서 풍부하다.　　　　-괴테

나는 생각한다. 그러므로 나는 존재한다.　　　　-데카르트

사랑, 꿈, 희망, 용기

"인간은 결국 자신의 그릇 만큼의 인생 밖에는 살 수 없다." - 사르트르

괴롭고 힘들 때는 혼자 여행을 떠나든지, 책을 읽든지, 술을 마시든지, 울든지 자유이지만, 부모형제나 모두들이 기다리고 기대하는 당신은 정말 소중한 사람임을 명심銘心하고 희망과 용기로 자신의 꿈을 실현해야 한다.

한국 고등학생이 생각하는 인생의 성공 요인			
(단위: %) 2009년.	조사대상 학생의 경제 수준		
	상	중	하
자질과 능력	27.2	30.3	24.5
성실한 태도와 노력	41.1	39.8	38.9
타고난 운, 팔자	6.6	6.0	9.5
부모의 경제적 지원	3.3	3.3	4.7
가족배경	2.5	1.9	3.3

자료: 한국교육개발원

젊은이는 꿈과 희망과 용기를 가지고 위기상황에 정면 대응하면서 일어서야 자질과 능력이 향상 된다.

괴로울 때는 자신을 미워하지 말고, 다시 한 번 생각해 보고 좋아해 보라. 산이나 바다로 혼자 조용히 여행을 떠나보라.

모든 일이 정리되고 힘이 생길 것이다. 그 또한 다 지나 가리라!

외로울 때는 조용히 마음을 정리하고, 책을 읽으며 독서 삼매경에 빠져 보라. 꿈과 희망이 있으면 인생은 즐겁고 행복하다.

성공의 비결은 나 자신의 역량을 정확히 파악하고, 남에게 인정받기 전에 내가 먼저 남을 이해해주고 베풀고 존중하는 용기를 가지는 것이다.

실패한 인간은 운運이 안 좋았다니 주변 조건이 나쁘다고 변명하고 핑계대고, 비난하고 비웃고 공격하지만, 자신의 능력이나 노력 부족을 인정하고 다시 일어서야 성공하고 후회 없는 인생이 되는 것이다.

사랑은 마음을 치유하고 행복을 가져오기도 하고, 인생을 풍요롭게 해주기도 한다. 그러나 사랑이 인생의 전부가 아닌데, 사랑을 위해 자기 모든 것을 주고 목숨도 버리는 바보 같은 10대, 20대들이 많으니 참으로 안타까울 따름이다. 정신 좀 차리고, 부모 형제도 생각하자.

명심하라, 준비되지 않은 사랑은 서로를 너무 힘들게 하고 방해하고 피해를 준다.

역경을 극복한 사람은 행복하게 살 수 있다.

사람의 실수는 인간의 천성이고,
그것을 고치는 것은 명예로운 일이다.　　　-워싱턴

인생찬가 人生讚歌

H.W 롱펠로우

슬픈 모습으로 내게 말하지 말라.
Tell me not, in mournful numbers,

인생은 다만 헛된 꿈에 불과하다고
"Life is but an empty dream!"

영혼은 죽은 것이 아니고 잠드는 것
For the soul is dead that slumbers,

만물의 외양은 모습 그대로가 아니다.
And things are not what they seem.

인생은 진실이다! 인생은 진지하다!
Life is real! Life is earnest!

무덤은 인생의 종말이 될 수는 없다.
And the grave is not its goal;

"너는 원래 흙이니 흙으로 돌아가라"
"Dust thou art, to dust returnst,"

이 말은 영혼에 대한 말이 아니다.
was not spoken of the soul.

우리가 가야 할 곳, 또한 가는 길은.
Not enjoyment, and not sorrow,

향락도 아니요 슬픔도 아니다
is our destined end or way;

저마다 내일이 오늘보다 낫도록.
But to act, that each tomorrow

행동하는 그것이 인생의 목적이다
Find us farther than today.

예술은 길지만, 인생은 빨리 간다.
Art is long, and life is fleeting,

우리 가슴은 튼튼하고 용감하지만,
And our hearts, though stout and brave,

천으로 감싸진 북소리처럼 둔탁하게
Still, like muffled drums, are beating

무덤을 향한 장송곡을 울리고 있다.
Funeral marches to the grave.

이 세상 넓고 넓은 싸움터에서
In thw world's broad field of battle

인생의 야영지에서 잠을 자도
In the bivouac of Life,

말 못하고 쫓기는 짐승같이 되지 말고
Be not like dumb, driven cattle!

싸움에 이기는 영웅이 되라.
Be a hero in the srife!

아무리 즐거워도 미래를 믿지 말라!
Trust no Future, howe'er pleasant!

죽은 과거는 죽은 채로 묻어버려라.
Let the dead Past bury its dead!

활동하라, 살아있는 현재에 활동하라
Act-act in the living Present!

가슴에는 용기를, 머리에는 신이 있다.
Hear within, and God o'erhead!

위인들의 생애가 우리를 깨우친다.
Lives of great men all remind us

우리도 위대한 삶을 이룰 수 있고,
We can make our lives sublime,

우리도 떠나 갈 때 시간의 모래 위에
And departing, leave behind us

발자취를 남길 수가 있겠지.
Footprints, on the sands of time;

그 발자취를 훗날 다른 사람들이,
Footprints, that perhaps another,

장엄한 인생의 바다를 항해하다가
Sailing o'er life's solemn main

외롭게 파선되어 버려진 형체를 보고
A forlorn and shipwrecked brother,

새로운 용기를 얻게 될 것이다.
Seeing shall take heart again

우리 모두 일어나 일하자구나.
Let us, then be up and doing,

어떠한 운명도 이겨낼 정신과 용기로,
With a heart for any fate;

끊임없이 성취하고 계속 도전하면서
Still achieving, still pursuing,

일하고 기다리며 힘써 배우자구나.
Learn to labour and to wait.

미국의 시인 H.W 롱펠로우의 '인생의 찬가'처럼, 삶의 방법을 배우면서 인내하고, 용기있게 살아가는 것이 인생의 목적이다.

행동하라. 오늘보다 높은 내일을 위해서
목매인 송아지처럼 쫓기지 말고 투쟁하는 사람이 되라.
-H.W 롱펠로

야스쿠니 신사 靖國神社

일본의 정치가와 국민들은 전쟁을 반성하고, 전범을 찾아 처벌하기는커녕 246만 명의 전몰자들이 있는 야스쿠니 신사靖國神社를 참배하여 빌고 있으니 놀라움을 금할 수 없다.

매년 8월 15일, 일본은 '종전 기념식'을 야스쿠니 신사 바로 옆의 일본무도관에서 하고 있다.

1985년 나카소네 일본수상이 처음으로 246만 명의 전몰자들과 1978년에 2차 대전 A급전범 14명의 원흉을 합사한 야스쿠니 신사를 참배하여 일본 국내와 아시아는 물론 전세계로부터 비난을 받았다.

그 이후 일본의 정치가들이 매년 참배하였으나, 종교의식과 정치행사의 정교분리를 주장하는 일본국민들로부터 비난을 받아 일본의 정치가들이 참배를 꺼려하다가, 약 800만 명 정도의 유족회를 정치에 이용하기 위해 1996년 8월 15일에는 각료 6명과 국회의원 183명, 하시모토 수상이 참배하여 중국과 한국은 물론 전 세계의 비난도 아랑곳하지 않고 그들의 힘을 과시했다. 전몰자 246만 명중에는 한국인 2만 1천여 명과 중국인 2만 7천여 명이 있다.

1994년 1월 1일, 서울의 보신각에서 제야의 종소리가 울려 퍼지는 밤 12시에 나는 제자들과 함께 수학여행 중에 야스쿠니 신사로 구경 갔다가 삽시간에 몰려오는 수만 명의 인파에 놀랐다.

참배 온 수만 명의 군중들은 노인이 아닌 과거역사도 모르고 과거엔 관심이 없다고 말하는 일본의 젊은이들이어서 더욱 놀랐으며, 제국주의의 망령을 되살려내는 행사를 하는 것 같은 느낌을 받았다.

'아직도 노병은 살아 있다'는 듯이 옛 군복을 입고 군가를 나팔로 불어 대는 노병들 앞에서 군중들은 전몰 전범자들에게 명복을 빌고 있지 않는가! 수많은 우익단체들과 일본의 우익정치가들이 "일본을 수호하는 회"를 만들고, 야쿠자집단까지 설치는 등 웃지 못 할 일이 일어나고 있는 사실을, 현실을 우리가 어떻게 받아 들여야 할 지 걱정스러웠다.

일본은 과거역사의 잘못을 솔직히 시인하고, 양심적으로 반성하는 겸손한 자세로 이웃나라와 협력하고, 세계 평화와 인류복지에 봉사해야 세계로부터 신뢰받을 수 있다는 것을 명심해야 할 것이다.

청소년 시절에는 환경과 친구의 영향도 크지만, 자기 자신이 불의를 싫어하고 정의롭고 올바른 일을 하는 습관이 중요하다.

세계문화를 알자

세계 각국은 수천 년 동안 이웃나라로서 서로 문물을 교류하여 왔다.

우리는 역사적, 지리적으로 비교적 가까운 미국문화, 중국문화, 일본문화 등의 세계문화의 장점을 빨리 배워야 할 것이며, 미국인, 중국인, 일본인의 특징도 알아야 한다.

오늘날의 세계문화 속에서 살아남은 전통문화란 무엇인가? 우리 사회생활속의 커피, 자동차, 구두, 종교......

거의 모두가 수입된 외래문화가 아닌가?

국제사회에서 무조건 외국인, 외국문물을 배격하는 쇄국주의는 통하지 않는다.

우리도 외부세계에 눈을 뜨고 올바로 외부세계를 인식하고 이해하여 세계의 문화를 호흡하며 살아갈 줄 아는 힘이 필요한 것 같다.

국제적인 세계문화 속에서 한국문화가 공존할 수 있도록 국제적으로 통하는 언어와 행동양식을 익히고 세계문화와 한국문화를 비교 연구하여 장점을 익히고 단점을 버리는 노력을 해야 한다. 한국의 문화재를 찾자!

Chapter 03

청춘의 꿈과 희망

자신의 꿈과 희망을 키워라.

학창 시절에 얼마나 열심히 공부했으면,
공부가 제일 쉬웠을까? 정말 재밌었을까?

유니클로 이야기

유니클로 회장인 야나이 다다시柳井正는 일본소프트뱅크 손정의 회장과 일본의 제일 부자 자리를 놓고 경쟁하고 있는 것으로 유명하다.

히로시마의 작은 양복점 주인에서 일본 최고의 부자가 된 비결은 신용과 열정과 자신감이었다.

"옷을 바꾸고, 상식을 바꾸고, 세상을 바꾸라.", "미래의 경쟁력은 속도이다."고 그는 역설한다.

고객이 요구하는 것을 만들고, 직원들이 불평불만이나 구태의연한 관습에서 벗어나는 벤처정신과 세계 최고의 사명감이 필요하다고 말한다. 모두가 안 된다고 기피했던 중저가 옷 장사에 도전하여 성공한 비결은 경영마인드와 발상법의 철학이었다.

불황 속에서도 세계시장을 석권하고 단숨에 10배 성장하고 연매출 100조원의 대박을 이룬 도전정신의 비결을 배워야 한다.

유니클로는 히트텍, 에어리즘을 앞세워 2015년에 매출 1조1169억원을 벌어 한국 내에서도 1위 의류가 되었다. 유니클로는 박리다매薄利多賣와 유명디자이너와 협업協業으로 세계적인 인기人氣를 유지하고 있다. 세계제일이 되는 길은 "현장, 현물, 현실이 중요하고 점원이 매장의 중심이 되어야 한다."라고 주장하는 야나이 회장은 변화에 빠르게 적응하고 과감하게 결단한다.

청춘시대에 할 일

1. **자신의 긍정적肯定的인 생각을 적극적積極的으로 표현하라.**

   일기장에 글도 써보고, 만화도 그려보고, 편지도 써보고, 신문에 글도 써봐야 한다. 다양한 활동을 통해 창의력을 길러야 한다.

2. **미래를 향한 새로운 경험經驗이 중요하다.**

   전기불도 없는 절 같은 곳에서 혼자 밥을 먹어보고 잠을 자보고 생각을 해보는 다양한 경험이 인생의 지혜知慧가 된다. 동물들도 새끼가 독립할 수 있도록 본능적으로 단련시킨다.

3. **집을 떠나 멀리 여행旅行을 해보라.**

   "귀여운 자식은 여행을 시켜라."라는 말은 경험과 고생을 직접 해보라는 것이다. 기차를 타보고, 배를 타보고 비행기를 타보면, 새로운 체험이 되듯이 많이 보고 배워야 한다.

4. **규칙적인 올바른 생활과 강인한 정신력을 길러놓자.**

   집념과 의지로 일어서는 끈기가 있어야 모든 일에 성공할 수 있다. 독일의 철학자인 칸트는 산책을 할 때도 매일 정확한 시간에 규칙적으로 한 것으로 유명하다. 나쁜 습관은 평생 동안 고치기 힘들다.

5. 외국어外國語를 많이 배워야 국제신사國際紳士가 된다.

외국어는 반복연습하면 저절로 익혀진다. 영어, 일어, 중국어, 프랑스어, 독일어……
언어를 익히면 세상은 좁아지고 할 일은 많아진다.

6. 좋은 친구를 많이 사귀어야 한다.

친구의 잘못된 행동은 반드시 지적해야 한다. 사람이 셋만 모여도 배울 점이 있듯이 좋은 친구가 많으면 보고 배울 점도 많다.
사이좋게 지내면서 용기 있게 행동하라.

7. 나는 꼭 할 수 있다는 자신감自信感이 중요하다.

대학시대에 항상 최선을 다해 노력하고 힘을 길러야 한다.
자신감은 자신의 목표를 향하는 첫걸음이다.

8. 예의禮儀 바르고 웃는 얼굴로 생활하라.

건강하고 상냥하고 멋진 여유 있는 사람이 성공한다.

9. 독서를 통해 간접경험을 풍부하게 하고 취미활동을 하라.

자신의 장점을 개발해야 한다. "책 속에 길이 있다."라는 말처럼 책 속에는 지혜와 삶의 교훈이 있다. 책을 많이 읽는 사람은 창의력과 판단력이 뛰어나다.

나폴레옹은 책 읽기를 좋아해 전쟁터에서도 괴테의『젊은 베르테르의 슬픔』을 읽었으며, 약 1만권의 책을 읽었다고 한다.

10. 자기가 할 일은 스스로 하고, 자신의 행동에 책임을 져야 한다.

"말 한마디로 천 냥 빚을 갚는다."라는 속담처럼, 자신의 말과 행동은 위선이나 거짓이 아닌 진실과 진심의 사실이어야 한다.

11. 자신의 주관과 개성個性을 가져라.

유행이나 멋보다는 자기의 개성을 키워야 리더로 성공할 수 있다.

"자신의 행동이 습관을 만들고, 습관은 자기의 운명을 만든다."

12. 신념은 산山도 움직인다.

(Faith will move mountains)

'정성이 지극하면 돌에도 꽃이 핀다.'고 간절히 원하면 이루어진다.

오늘의 하루는 내일의 두 배의 가치가 있다. -벤자민 프랭클린

불가능은 없다

젊은 사람은 신념과 자신감을 가지고 살아야 한다.
도전 앞에 불가능은 없다. 유혹을 뿌리치고
자신감을 가져라. 도전 앞에 불가능은 없다!

청년이라면 담대한 희망과 비전을 가지고 살아야 한다.

공부도 열심히 하고, 친구들과 재미있게 놀면서 자신의 꿈을 키워나
가는 시기이다. 자기가 가장 좋아하는 일, 제일 하고 싶은 일을 생각하
면서 꾸준히 준비하고 자기계발을 해야 발전한다.

그림도 그리고, 피아노도 치고, 운동도 하고, 국어, 수학, 영어, 과학,
사회, 음악, 미술, 체육 등의 학교 수업을 열심히 하면서 자기가 재미있
고 한번 해보고 싶은 일을 "자신의 꿈"과 "자신의 목표"로 정해서 열심
히 노력하면 누구보다 잘할 수 있는 것이다.

2만 가지의 직업 중에서 선생님, 사장, 운동선수, 의사, 예술가가 되
고 싶은가? 자기가 가장 좋아하고 잘 할 수 있는 일을 자신
의 꿈과 목표로 정해서 열심히 노력하면 점점 꿈이 이루어져서 즐
겁고 행복하게 살 수 있다. 힘내라. 청춘시대!

로마의 유명한 사상가 키케로는 "서재가 없는 집이야말로 영혼이 없는 시체와 같다"라고 말했으며, 고대 그리스 철학자 아리스토텔레스는 "인간은 사회적 동물이다."라고 말했다.

즉, 인간은 서로 돕고 이해하며, 좋든 싫든 사회에서 더불어 살아가야 하는데 초등학교도 졸업하지 못할 정도로 가난했던 헨리 포드는 묵묵히 연구하고 인내하여 세계적인 포드 자동차회사를 창업했고, 수천 번의 실패를 이겨내고 전기를 발명한 에디슨과 같은 인물들의 인내심을 배워야 한다. 그들은 실패를 겪었음에도 실망이나 좌절을 하지 않고 실패를 통해 반성하고 연구를 거듭하여 약점을 극복하고 성공하였던 것이다.

"천리 길도 한 걸음부터 시작한다."
우리인생의 삶도 산을 오르는 것처럼,
어려운 환경을 극복하면서 살아가는 것이다.
Yes I can. 나는 할 수 있다.
Yes I did. 나는 해냈다.

작은 변화 속에서 진실 된 삶을 살게 된다.
True life is lived when tiny changes occur.   -tolstoy

프랭클린의 생활신조 13가지

미국의 제 15대 대통령 프랭클린은 어릴 때 집안 형편이 어려워서 초
등학교도 졸업하지 못했지만, 스스로 원칙을 세우고 실천하여 성공을
이룬 인물이다. 그가 젊었을 때 벽에 붙여놓고 실천했다는 13가지 덕목
을 배우면, 우리가 살아가는데 큰 도움이 될 것이다.

1. 규율Order :　　　모든 물건을 정해진 장소에 두고, 모든 일은
　　　　　　　　　시간을 정해서 하라.

2. 결단Resolution :　무엇을 할 것인지 생각한 후에 결심하고, 한번
　　　　　　　　　결심한 일은 반드시 실행하라.

3. 절제Temperance :　배가 부르도록 먹어서는 안 되고,
　　　　　　　　　취하도록 마시지 말라.

4. 침묵Silence :　　 자신이나 남에게 도움이 안 되는 말은 하지도
　　　　　　　　　않고, 듣지도 말라.

5. 검소Frugality :　 허례허식이나 사치와 낭비를 하지 말고, 자신
　　　　　　　　　과 이웃에게 선한 일은 주저하지 말고 행하라.

6. 정의Justice : 남에게 손해를 끼치지 말고 모든 일을 정당하게 하라. 누가 봐도 부끄럽지 않게 떳떳하게 행동해라.

7. 중용Moderation : 모든 일에 극단을 피하고, 화풀이도 삼가고, 쉽게 분노하지 말고, 자기 분수를 지켜라.

8. 근면Industry : 시간을 낭비하지 말고, 유익한 일에 전념하라.

9. 성실Sincerity : 거짓말을 해서 남에게 해를 입히지 마라. 바르게 생각하고, 말할 때는 올바르게 해라.

10. 청결Cleanness : 신체, 의복, 주거 환경은 깨끗하게 해야 한다.

11. 침착Tranquility : 사소한 일이나 어려운 일에 부딪쳤을 때, 중심을 잃어서는 안 된다.

12. 순결Chastity : 건강과 후손을 위해 순결해야 하고, 자신이나 다른 사람의 평화와 명성을 해치는데 성性을 사용하지마라.

13. 겸손Humility : 항상 예수와 소크라테스를 본받아야 한다.

힘을 기르자!

젊어서 고생은 사서도 한다. 청춘은 아름다운 희망이다.

괴롭고 힘들어도 참고 준비하면 기회가 찾아온다. 부모님이야 당연히 자식을 도우시겠지만 그렇다고 해서 지나치게 의존하면 캥거루족, 니트족이 되고 끝내 생활력까지 부족해질 수도 있다.

스스로 전문성, 창의력, 실력을 갖춰야 하고, 인내심과 협동심을 길러야 성공한다. 청년들이여! 절대 포기하지 말고, 할 수 있는데까지 도전하면 기회가 찾아온다.

"사람은 3분의 1을 잠으로 보내면서 죽음을 슬퍼한다."
는 바이런의 말처럼, 우리는 많은 시간을 잠으로 보내고 있다. 잠자는 시간을 아끼고, 자투리 시간을 잘 활용해야 성공할 수 있다.

하루에 4시간을 낭비하는 사람은 1주일이 6일 밖에 안 되어 성공하기 힘들다. 성공과 실패는 자신의 의지와 노력에 달려 있다.

당신의 실력實力은 당신의 노력努力의 결과물이다.

더불어 살아가는 정의正義로운 한국사회를 만들도록 모두 함께 노력하자. 어둠이 지나면, 햇빛이 나온다.

자신의 색깔

'까마귀 노는 곳에 백로야 가지마라.'

예로부터 친구를 사귈 때에는 신중을 기해야 한다고 했다. 사람을 볼 때는 그의 가정이나 친구, 이성 관계 등을 보면, 그 사람의 인격人格과 품성品性을 알 수 있다는 말도 있다. 묵자는 사람의 사귐을 실에 물을 들이는 것으로 비유하였다.

"실은 본디 흰색이었는데, 푸른 물감 통에 넣으니 푸르게 되고, 노란 물감 통에 넣으니 노랗게 되는구나. 물감이 바뀜에 따라서 실의 색깔도 기기묘묘하게 바뀌어가니 이로 미루어 사람도 그 담겨 있는 곳에 따라 그 성정性情이 바뀔 것이다."

"맹모삼천지교孟母三遷之敎"는 맹자의 어머니가 맹자를 교육시키기 위해 세 번이나 이사를 다녔다는 뜻이다.

첫 번째는 묘지근처로 이사를 갔더니 맹자가 상여 흉내만 내고, 두 번째는 시장 근처로 이사를 갔더니 물건 파는 흉내만 내고, 세 번째는 서당書堂 근처로 이사를 갔더니 예의禮儀를 갖추고 열심히 공부工夫를 했다고 한다.

자신이 지금 어떤 물감 통에 담겨 있는지, 내 주변의 환경이 어느 정도인지 확인해 볼 필요가 있다.

  "끼리끼리 논다."는 말처럼, 주변 사람들의 영향으로 삶이 바뀔 수 있으니 사람을 사귀는 데도 주의해야 한다.

  세 사람이 화합하면, 거짓말도 참말로 믿게 되고, 없던 호랑이도 만든다는 '삼인성호三人成虎'라는 말이 있다.

  말과 글은 자신의 인격과 품위를 나타낸다.

  자기 자신의 힘든 생활과 많은 경험이 삶의 행복을 만드는 지혜가 된다.

괴로움 뒤에는 기쁨이 찾아온다. 전화위복轉禍爲福
- Every cloud has a silver lining. -

"사람은 누구나 자신의 시야의 한계를 세계의 한계로 간주한다."
-쇼펜하우어

그 사람을 가졌는가?

함석헌

만 리 길 나서는 길
처자를 내맡기며
맘 놓고 갈만한 사람
그 사람을 그대는 가졌는가.

온 세상 다 나를 버려
마음이 외로울 때에도
'저 말이야' 하고 믿어지는 그 사람을 그대는 가졌는가.

탔던 배 꺼지는 시간
구명대救命袋 서로 사양하며
'너만은 제발 살아다오' 할 그 사람을 그대는 가졌는가.

불의不義의 사형장死刑場에서
'다 죽어도 너희 세상 빛을 위해
저만은 살려 두거라' 일러 줄 그 사람을 그대는 가졌는가.

잊지 못할 이 세상을 놓고 떠나려 할 때

'저 하나 있으니' 하며

빙긋이 웃고 눈을 감을 그 사람을 그대는 가졌는가.

온 세상의 찬성보다도

'아니' 하고 가만히 머리 흔들 그 한 얼굴 생각에

알뜰한 유혹을 물리치게 되는 그 사람을 그대는 가졌는가.

우리의 글과 말을 갈고 닦으시며, 절대평화주의, 반전, 비폭력, 씨알 사상을 주장하신 함석헌(咸 錫憲, 1901~1989) 선생님의 시詩 '그 사람을 가졌는가.'는 『수평선 너머』에 실려 있다.

사람과 친구의 중요성을 강조한 '그 사람을 가졌는가.'를 감상하다 보면, 내 자신도 그 사람을 위해 무엇을 하였는가를 생각하게 된다.

세상을 변화시킬 수 있는 진실의 힘은 인생을 즐겁고 아름답게 만들어준다. 자신의 힘을 기르자!

우리에게 주어진 인생을 더 이상 방치하거나 낭비하지 말고 멋지게 살자!

66

놀 때는 놀고 공부할 때는 공부해라.
(All work and no play makes Jack a dull boy.)

99

☞ 긍정적인 사고능력을 기르자

1. 적극적인 도전정신을 가져야 한다.

2. 마음의 여유와 자신감을 가져라.

3. 지, 덕, 체를 겸비해야 한다.

4. 창의력과 인내심을 길러라.

5. 시간관념을 철저히 하라.

6. 어학 실력을 길러 시야를 넓히자.

7. 국제사회, 국제무대에서 놀아라.

8. 즐길 수 있는 일을 직업으로 선택하라.

9. 예의범절을 몸에 익혀라.

10. 자신의 재능을 찾아서 키워야 한다.

토마스 제퍼슨의 생활 10계명

토마스 제퍼슨의 선조는 영국에서 버지니아로 이주하여, 오랫동안 황무지를 개간하여 지방의 부호가 되었고, 제퍼슨은 미국 국가제도 건설에 핵심적 역할을 했을 뿐만 아니라 문학가로서도 성공한 사람이었다. 제퍼슨의 생활 10계명은 그의 부모에게서 물려받은 소중한 유산으로 우리의 성공을 위한 지침으로 충분하다.

1. 오늘 할 일을 내일로 미루지 마라.
2. 당신이 할 수 있는 일을 남에게 미루지 마라.
3. 돈이 없으면 쓰지 마라.
4. 싸다고 해서 꼭 필요하지도 않은 물건을 사지 마라.
5. 교만은 배고픔, 갈증, 추위보다 무서운 것이다.
6. 소식小食을 실천하라.
7. 좋아하는 일을 찾아 하라.
8. 쓸데없는 걱정은 진짜 걱정을 초래한다.
9. 쉬운 일부터 시작하라.
10. 화가 날 때는 우선 열까지 센 후 말하라.
    그래도 참기 어려우면 백까지 세라.

인생의 황금기 !

대학 시절은 인생의 황금기이다 !

나이는 시간과 함께 달려가고 뜻은 세월과 더불어 사라져 간다.

어려운 환경은 사람을 더욱 지혜롭게, 강하게 만들고 사고력을 한 차원 높여준다.

굳은 날 보다 좋은 날이 많은 삶을 살았는가?

젊어서는 돈이 없어 즐기지 못하고, 늙어서는 즐길 힘이 없는 것이 인생의 무상함이 아니겠는가?

청춘도 젊음도 한 순간의 추억일 뿐이다.

인생의 행복과 불행, 성공과 실패에 시련을 극복하고 현명하게 대처하여 즐겁고 행복한 삶을 살아갈 수 있도록 웃으면서 행동해야 한다. 자신의 힘과 능력을 길러야 하고, 자신을 믿고 성실과 근면으로 착하게 즐겁게 웃으며 살아야 한다. 100년은 너무 짧다.

항상 편견 없이 말을 적게 하고, 상대의 장점을 말하는 습관을 기르고, 비판하기보다는 칭찬과 격려의 말을 하고, 논쟁을 하지 말고 친절과 유쾌한 기분으로 유머를 말해야 한다.

학교생활이나 사회생활도 즐겁게 따뜻한 마음으로 서로의 존재 가치를 인정하고 인격을 존중하며 서로 돕는 화기애애한 분위기 속에서 오늘을 긍정적으로 살아가야 짧은 인생이 행복하고 즐겁다.

손자병법孫子兵法

춘추시대春秋時代에 제濟나라의 병법가인 손자孫子가 쓴 "손자병법孫子兵法"에는 "싸우지 않고 승리하기 위해서는 싸우기 전에 계산하라"는 말이 있다.

우리 인간은 좋든 싫든 간에 크게는 눈에 보이는 전쟁에서 작게는 눈에 보이지 않는 개인의 경쟁에 이르기까지 밤낮으로 싸움을 하면서 살아가고 있다.

자신의 목적을 달성하기 위해서는 정면충돌을 피하고, 능력이 있으면서도 없는 것처럼 가장하고, 필요하면서도 필요 없는 것처럼 위장하는 임기응변이 필요한 것이며, 때로는 이러한 것이 승리를 거두는 비결이기도 하다.

무식한 지식보다는 현명한 지혜가 필요하다.

뻔뻔스럽게 친구에게 술을 얻어먹으면서 술을 무리하게 권하고, 천한 말을 하는 것은 삼가야 한다. 상대방의 의사를 듣고 존중해 주고, 진심으로 이해해 주는 사람이 되어야 한다.

인생에 있어서도 힘의 대결이며, 출세의 비결은 능력을 기르는 것이다.

공부의 즐거움

공부란 인간을 만드는 일이며, 지식은 인간의 날개이다. 세상에 확실하게 믿고 의지할 수 있는 것은 자기 자신의 힘뿐이다.

공부는 인생의 즐거움을 향유할 수 있도록 인간을 훈련시키는 것이다. 뭐든지 알아야 인생이 더 재미있고 즐거운 것이다.

배워서 남에게 주어도 없어지지 않으니 모든 보물 가운데 지식이 제일이고, 사람이 소유할 수 있는 최선의 것이 지식이다.

배워야 더 양심적으로 언동할 수 있고, 학문은 인간의 모든 능력을 조화롭게 발달시키는 것이다. 좋든 싫든 간에 일생동안 배우는 교육은 계속되는 것이다.

배우면 배울수록 하고 싶은 동경憧憬心과 호기심好奇心이 생긴다.

모든 일은 타이밍이다.

힘을 내서 공부하자! 건강할 때 젊어서 정신 차려 좀 더 열심히 노력해야 평생이 즐겁고 재미있다.

후회 없는 내일을 위해서 오늘 열심히 부지런히 정직하게 사람답게 멋있고 행복하게 즐겁게 웃으면서 생활하자! 꿈을 향해 집중해야 한다.

오늘 할 수 있는 일을 내일로 미루지 말라.

한 순간의 시간을 잃어버리면 세계를 볼 수 없다.

어린애가 수백 번 넘어지면서 걸음마를 배우는 것처럼, 반복하여 연습을 해야 학습이 된다.

한두 번의 실수는 누구나 있다. 프로정신이 필요하다.

1등, 전문가만이 살아남는 세상에 끝없이 노력하고 단련하는 사람이 승리한다. 외국어능력과 교양 전문지식이 필요하면, 하루 10시간씩은 투자해야 꿈을 이룰 수 있다.

최인호 작가는 『상도商道』에서 '시詩가 스스로 이루어진 것은 꽃이 스스로 피며 달이 스스로 둥글게 되는 것과 같이, 하루에는 하루의 공부가 있었고, 한 달에는 한 달만큼의 효과가 있었다.'라고 말한다.

뜻대로 안 되는 간난신고艱難辛苦, 즉, 온갖 어려움과 괴로운 고통을 스스로 극복하고 기사회생起死回生을 해야 성공할 수 있다.

힘들고, 괴롭고, 서러울 땐 실컷 울고, 즐겁고, 기쁘고, 행복할 땐 실컷 웃으며 자신의 목표와 희망을 품고 삶을 즐겨야 행복하다.

꿈과 희망의 대학생

"하늘이 무너져도 솟아날 구멍이 있다."는 속담처럼 넘어
지고 깨어지더라도 오뚝이처럼 칠전팔기七顚八起의 정신력으로 버티고
희망으로 일어나야 세상에 살아남을 수 있다.

젊은이여, 과감하게 창업하라.

정말 힘들고 잘 안되면 제2, 제3의 목표로 방향을 전환 시킬 수밖에
없겠지만, 거기엔 또 다른 길이 있을 것이다.

세상은 다 자기 잘난 맛에 사는 곳이며, 정말 살벌하고
잔인하고 무서운 곳이다. 자신의 힘이 없으면 슬프고 괴
로운 세상이다. 굶주려서 배가 고파서 병으로, 돈이 없어
서 죽어가는 사람이 얼마나 많은가.

꼭 의사나 판사가 되어야 하고, 꼭 좋은 회사에 취업해야 성공한 것
은 아니다. 다행히 요즘 직업은 귀천이 없어진지 오래이다. 배워야 창
업도 할 수 있다.

식당이나 주유소에서 파트타임을 하더라도 성실하게 양심적으로 재
미있게 일하고 쉬는 날, 여가 시간에 등산, 낚시 하면서 건강한 몸과 마
음을 소유한 사람이 정말 성공한 삶을 살고 있는 것이다.

몸과 마음만 건강하면 어떠한 어려움도 참고 견디며 극복할 수 있다. 사리사욕에 사로잡혀 오늘의 일을 불평하고, 내일을 포기하는 바보가 되지 말고, 초연한 자세로 참고, 적극적으로 행동하라. 오직 자신의 언동에 책임을 지고, 목표를 향해 오늘 지금 힘차게 행동해야 한다.

귀중한 인생을 소중한 시간을 하찮은 공상과 사념에 사로잡혀 내면의 힘을 허비하지 말고, 상냥하게, 젊은이답게, 친절과 애교를 몸에 익혀야 하는데, 시기, 질투, 의심 등과 같은 낯 뜨거운 일을 생각하고 행동하는 자는 쥐구멍도 아깝다.

프랑스의 유명한 과학자인 파스퇴르는 "나는 성공으로 이끈 힘은 끝까지 참고 버티는 정신이었다."라고 말했다.

서두르지 말고 하고 싶은 일을 하라. 인생은 여행이다. 산의 나무처럼 꿈과 열정으로 스피드로 정신력으로 매일 새로운 일에 도전하면, 길이 열린다.

젊은이는 꿈과 희망을 먹고 살고,
노인은 추억과 낭만을 먹고 산다.　　　　-프랑스 속담

🍃 생각하면서 살아라 生也思也

유리有利하다고 교만驕慢하지 말고, 불리하다고 비굴卑屈하지 말라.

자기自己가 아는 대로 진실眞實만을 말하라.

주고받는 말마다 악惡을 막아 듣는 이에게 편안함과 기쁨을 주어라.

무엇을 들었다고 쉽게 행동하지 말고. 그것이 사실인지 깊이 생각하라.

이치理致가 명확明確할 때 과감果敢하게 행동行動하라.

자기를 위해 악행惡行하지 말고, 핑계대어 정법政法을 어기지 말라.

지나치게 인색吝嗇하지 말고 , 화내거나 질투嫉妬하고 미워하지 말라.

이기심을 채우고자 정의正義를 등지지 말고, 원망을 원망으로 갚지 말라.

위험에 직면해도 두려워 말고, 이익을 위해 남을 모함謀陷하지 말라.

이것이 지혜知慧로운 사람의 모습이다.

객기客氣부려 만용蠻勇하지 말고, 마음이 약하여 비겁卑怯하지 말라.

사나우면 남들이 꺼려하고, 나약하면 남이 무시無視하고 업신여긴다.

사나움과 나약함을 버리고, 지혜롭게 중도中道를 지켜라.

바위岩처럼 침묵하고 임금님王처럼 말하며, 눈雪처럼 냉정하고 불처럼 뜨거워라

태산泰山같은 자부심을 갖고, 누운 풀처럼 자기自己를 낮추어라.

임금님처럼 위엄을 갖추고, 구름처럼 한가롭게 행동行動하라.

역경逆境을 참아 이겨내고, 형편이 잘 풀릴 때도 항상 조심하라.

재물財物을 오물汚物처럼 볼 줄도 알고, 터지는 분노忿怒를 잘 다스려라.

때로는 마음껏 여유를 즐기고, 사슴처럼 두려워 할 줄 알고, 호랑이처럼 용맹하라.

때時와 처지處地를 살필 줄 알고, 부귀富貴와 쇠망衰亡이 교차交叉함을 알라.

이것이 지혜知慧로운 사람의 삶이다.

『잡보장경雜寶藏經』

Chapter 04

2030의 인생 공부

젊은 시절을 낭비 할 수 없다.

사람은 생각이 달라지면 행동이 달라지고,
좋은 행동行動은 좋은 습관習慣을 만든다.

일본의 3대 장군

일본의 소설가 야마오카 소하치山岡荘八가 1950년부터 1967년까지 18년 동안에 걸쳐 집필한 대하소설『도쿠가와 이에야스德川家康』를 1970년에 동서문화사에서『대망大望』시리즈로 번역 출판한 롱셀러 책으로 인간의 의식 구조에서 15~16세기의 일본 3대 장군들의 성격을 알아볼 수 있는 유명한 구절들이 나온다. 이 또한 우리가 어떤 삶을 살 것인가 정하는 데 참고가 되리라고 본다.

1. 오다 노부나가織田信長의 과감함
   '저 두견새가 울지 않으면 죽여 버려라.'
   "인생은 돌고 돌아 죽지 않는 자는 없다."고 말했다.

2. 도요토미 히데요시豊臣秀吉의 영리함
   '저 두견새가 울지 않으면 울게 하라.'
   "인생은 이슬과 같아서 이슬로 사라질 운명이다."고 말했다.

3. 도쿠가와 이에야스德川家康의 인내심
   '저 두견새가 울지 않으면 울 때까지 기다려라.'
   "인생은 무거운 짐을 지고 먼 길을 가는 것과 같다."고 말했다.

도쿠가와 이에야스德川家康의 유훈

도쿠가와 이에야스는 16세기 일본의 천하통일을 이룩한 인물로 일본인의 존경을 받고 있는 인물이다.

1. 사람의 일생은 무거운 짐을 지고 먼 길을 걷는 것과 같다. 서두르면 안 된다.
2. 무슨 일이든 마음대로 되는 것이 없다는 것을 알면, 불만을 가질 이유가 없다.
3. 인내忍耐는 무사 장구長久의 근본, 분노忿怒는 적敵이라 생각하라.
4. 마음에 욕망이 생기거든 곤궁할 때를 생각하라.
5. 자신을 탓하되 남을 나무라지 마라.
6. 승리만 알고 패배를 모르면 해가 자기 몸에 미친다.
7. 부족한 것은 지나친 것보다 나은 것이다.
8. 모름지기 사람은 자기의 분수를 알아야 한다.
9. 풀잎 위의 이슬도 무거워지면 떨어지기 마련이다.

나는 할 수 있다. (I can do it.)
그래, 나는 할 수 있다. (Yes I can do.)

시詩와 명언名言

빛나는 눈

기다림은
더 많은 것을 견디게 하고,
더 먼 것을 보게 하고,
캄캄한 어둠 속에서도 빛나는 눈을 갖게 합니다.
기다린다는 것은 모든 것을 참고 견디게 하고,
생각을 골똘히 갖게 할 뿐 아니라,
무엇보다 자기의 자리 하나 굳건히 지키게 해주는
옹이같이 단단한 마음입니다.

신영복의 『감옥으로부터의 사색』 중에서 –

사람들은 명예와 지위의 즐거움을 알지만,
이름 없고 평범하게 지내는 참다운 즐거움을 모른다. 『채근담』

생각이 바뀌면 행동行動이 바뀌고,

행동이 바뀌면 습관習慣이 바뀌고,

습관이 바뀌면 성격性格이 바뀌고,

성격이 바뀌면 인격人格이 바뀌고,

인격이 바뀌면 운명運命이 바뀐다.

-윌리엄 제임스1842~1910) 미국의 철학자, 심리학자

청춘은 다시 돌아오지 않고,

하루의 새벽은 한번 뿐이다.

젊었을 때에 부지런히 공부에 힘써라.

세월은 사람을 기다리지 않는다.　　　　　　- 도연명

가라! 너의 눈짓을 따르라.

젊은 날 배움의 때를 놓치지 않으면, 더 현명해질 수 있다.

거대한 행운의 저울 위에서 바늘이 평형을 이루는 순간은 거의 없다.

너는 비상하지 않으면 추락해야 하고, 승리해서 지배하거나, 지고나
면 복종해야한다.

져서 쓴맛을 삼키든가, 이겨서 승리의 단맛을 보든가.

너는 망치가 되든지, 아니면 모루가 되어야 한다.　　　　　-괴테

도정道程

高村光太郎다카무라 고타로

내 앞에 길은 없다
내 뒤에 길은 생긴다
아아, 자연이여
아버지여
나를 자립하게 한 광대한 아버지여
내게서 눈을 떼지 말고 지키도록 하시라
언제나 아버지의 기백이 내게 넘치게 하라
이 머나먼 길을 위하여
이 머나먼 도정道程을 위하여

* 다카무라 고타로는 탐미주의에서 탈피한 인도주의 시인으로 「도정道程」처럼 격렬한 열정과 힘찬 가락의 시풍으로 유명하다.

우리들은 처음에는 판단하는 것을 가르치는 스승을,
그 다음에는 지혜를 주는 스승을,
마지막으로 학문을 가르치는 스승을 원한다.   -칸트

초연初戀　　　　　　　　　　　　　　島崎藤村 시마자키 도손

갓 땋아 올린 앞 머리카락이
사과나무 아래 나타났을 때
앞머리에 찌른 꽃빗의 모습
꽃 같은 그대라고 여겼더니라

정답게 하얀 손을 내밀어
사과를 나에게 건네 준 그대
연분홍 빛깔의 가을 열매로
비로소 그리움을 배웠더니라

하염없이 내쉬는 나의 한숨이
그대의 머리카락에 닿았을 때
달콤한 사랑의 술잔을
그대의 정으로 기울였더니라

사과밭 나무 아래로
절로 생긴 오솔길은
누가 처음 밟은 자리일까 하고
물으면 한결 더 그리워지노라

* 시마자키 도손은 소설 『파괴』로 자연주의 문학운동을 하고, 시집
『약채집』으로 시인으로 활동하였다. 「초연初戀」은 젊은 자아의식과
정열의 자유와 연애를 고뇌하는 시이다.

비에도 지지 않고

宮沢賢治미야자와 겐지

비에도 지지 않고
바람에도 지지 않고
눈에도 여름 더위에도 지지 않는
튼튼한 몸을 가지고
욕심은 없고
결코 성내지 않으며
언제나 조용히 웃고 있는
하루에 현미 4홉과
된장과 약간의 야채를 먹고
모든 것을
자신의 계산에 넣지 않고
잘 보고 들어 알며
그리고 잊지 않고
들판의 솔 숲 그늘의
작은 초가 지붕 오두막에 살며
동쪽에 병든 아이가 있으면
가서 간호해 주고
서쪽에 어머니가 지쳐 있으면
가서 그 볏단을 짊어지며
남쪽에 죽어가는 사람 있으면
가서 두려워하지 않아도 된다고 일러 주고

북쪽에 싸움이나 소송이 있으면
부질없으니 그만두라 말하고
가뭄이 들면 눈물을 흘리며
쌀쌀한 여름이면 허둥지둥 걸으며
모든 사람들로부터 멍청이라 불리우고
칭찬도 받지 않고
부담스럽게도 생각되지 않는
그런 사람이
나는 되고 싶다.

* 미야자와 겐지는 동화작가로 『주문이 많은 요리점』이 유명하고, '비에도 지지 않고'라는 시는 대중적이고 이상주의적인 민중시이다. 『은하철도의 밤』은 대표작이며, 100편의 동화와 400편의 시를 남긴 동화작가이자 시인이다.

은혜를 베풀었다면,
보답은 바라지 말고,
남에게 주었다면 후회하지 말라.　　　　　『명심보감』

좋은 책이란?

"책은 말 없는 스승이다."

인생은 한 권의 책과 같다. 독서를 통한 폭넓은 지식은 촌철살인의 힘이 있다.

고도원의 『당신이 희망입니다』라는 책은 제목부터 상대에게 희망을 주는 메시지를 전해주는 믿음 → 희망 → 사랑 → 용기의 구성 내용으로 읽어 볼만하다.

"내가 세계를 알게 된 것은 책에 의해서였다"라고 프랑스의 실존주의 철학과 문학을 대표하는 사르트르는 말했다.

"책 속에 인생人生의 길이 있다."

사람이 만든 책보다, 책이 만든 사람이 더 많고, 사람의 얼굴은 한 권의 책과 같다. "여가 시간을 만들어 이용하지 못하는 사람은 항상 여가 시간이 없다."는 서양의 격언이 생각 난다.

『명심보감明心寶鑑』에서 "즐거움 중에는 책 읽는 것보다 더한 것이 없고, 필요한 것 중에는 자식을 가르치는 일 만한 것이 없다"라는 말이 있다.

학문學問의 즐거움을 모르는 사람은 세상이 돌아가는 것을 모르는 사람이다.

지금까지 세계는 책으로 지배되어 왔기 때문에, 젊어서 부터 책 읽기를 게을리 하는 사람은 미래가 없다.

좋은 책을 읽는 것은 보물을 찾는 것이며, 훌륭한 사람 이 되는 길이다.

책을 읽는 단계에서 책을 쓰는 단계로 나아가지 않으면 안 된다.

자서전 한 권 쯤은 꼭 남기고 세상을 떠나야 한다.

"한 권의 책이 당신의 미래를 바꾼다."

정보지식과 지혜를 주는 책을 항상 손에 들고 책을 읽는 사람을 이길 사람은 없다.

"집은 책으로, 정원은 꽃으로 사람은 지혜로 가득 채워라."

-KIH

"이 세계는 거의 몇 권의 책으로 지배되어 있다." -볼테르

셰익스피어는 "책은 전 세계인의 보약이다. 책이 없는 생 활은 빛이 없는 세상과 같고, 책이 없는 지혜는 날개 없 는 새와 같다."고 했으며, 데카르트는 "좋은 책을 읽는다는 것 은 과거의 가장 훌륭한 사람들과 대화하는 것이다."와 같 은 말을 남긴 바 있다. 좋은 사람은 좋은 책을 읽는다.

인간의 삶

자신의 삶에서 고쳐야 할 점은 무엇인지?

반성하고 노력하자! 신념과 열정으로 활동하자!

그 문제를 언제 어떻게 고칠 것인지 생각하고 계획해야한다. 기회는 기다려 주지 않는다.

자신의 현 위치가 어디에 있는지, 가장 소중한 자기 자신의 존재를 확인해 볼 필요가 있다.

젊은이가 항상 불안과 슬픔에 빠져 이미 지난 과거에 매달려서 오늘도 안절부절하면서 미래를 두려워한다면 성공적인 행복을 기대할 수 없다.

일어서서 힘차게 걷고 떳떳하게 생활하는 젊음과 패기가 있다면, 안될 일이 없다. 자신의 목표도 없이 헤매는 사람이 아니라 험난한 세상을 헤치고 꿋꿋하게 살아가는 사람이 되자.

같은 나무에 붙어있는 가지라도 모두 같은 열매를 맺는 것이 아니듯이, 인간 또한 같을 수 없다.

성격도, 인격도, 품성도, 능력도, 인간미도, 정情마저도 사람 됨됨이가 제각각 다르다.

학자들은 성장 발육기간인 24년의 5배가 인간의 한계 수명이라는 점을 근거로 우리가 120세까지 충분히 살 수 있다고 한다. 걷는 운동이 최고의 보약이다.

한국은 100세 넘은 노인이 2만여 명이며, 일본은 6만여 명인데, 1년에 5천여 명씩 늘어나고 있다고 한다.

이렇게 긴 삶 속에서 우리는 자신의 개성대로 살아가되 공동체의 질서를 지켜야 하며, 무지에서 오는 과대망상이나 외고집 때문에 가족이나 동료, 사회로부터 소외되지 않도록 항상 겸손하게 언동해야 한다.

인간세상은 참고 인내하며 살다보면,
새옹지마塞翁之馬의 좋은 기회도 찾아온다.

독일의 위대한 철학자 칸트(1724~1804)는 항상 새벽 5시에 일어나 서재에서 하루 종일 연구하고, 오후 3시에는 매일 규칙적으로 산책을 하면서 살았다. 사람들은 정확하고 규칙적인 칸트를 "걸어 다니는 시계"라고 말하였다.

자신의 모습

자신의 행동行動과 습관이 자신의 인생의 힘이 되어 운명運命을 개척하고, 삶의 질質을 결정한다는 사실을 항상 기억해야 한다. 자신의 가치를 높여라.

부지런히 모든 것을 배우고 익히지 않으면, 훗날 세계를 무대로 국제적으로 활동할 기회機會가 적어지고 그 때가 되서는 도전 자체가 힘들 수 있다. 젊은 시절에 기회를 놓치면 안 된다.

인생의 목표를 정하고, 꿈을 향해 최선을 다해야 삶의 질이 높아지고, 멋있고 행복한 인생을 살아 갈 수 있다.

미래의 자신의 모습을 생각하라.

자신의 가치를 자신이 인정하고 소중히 여기면서 사랑할 줄 알아야 하고, 높은 이상理想을 품고, 시야를 세계로 넓히는 힘을 길러야 한다.

인간은 타고난 재능보다는 노력하는 자세가 더욱 중요하다.

지금 내가 해야 할 일을! 내가 가야 하는 길을 가야한다. 한순간도 결코 놓쳐서는 안 된다.

공자孔子는 "인간의 본성은 태어날 때는 비슷하지만 살아가면서 습관에 의해 달라진다."고 말했고, 소크라테스는 "옳은 것을 알면서도 실천하지 않으면 진정으로 아는 것이 아니다." 라고 했듯이, 정의正義롭고 정직正直한 태도로 희망과 목표를 향해 즐거운 마음으로 나아가자.

맹자는 인의예지仁義禮智의 4덕을 강조하고 성선설을 주장했다. 2030 젊은이답게 용기 있고, 정의롭고, 예의 있고, 지식 있는 사람이 되어야 한다.

남을 배려할 줄 아는 사람이 인간으로서 참삶을 보람 있게 살 수 있다.

1999년에 중국의 전자상거래업체인 알리바바를 설립하여, 자산 400조원으로 중국 최고의 부자가 된 마윈은 3수하여 3류대학을 나왔지만 창업하여 성공했다. "항상 낙관적인 따뜻한 눈으로 세상을 보고, 항상 주체적으로 생각하고, 호기심을 가지고 진실을 말하라."고 말한다. 그는 "항상 열정을 가지고, 지금 바로 빨리 행동하라."고 한다.

일찍 자고 일찍 일어나는 것은 인간을 건강하고 풍요롭고 현명하게 만든다.
　　　　　　　　　　　　　　　　　　　　-프랭클린

인생 공부 人生工夫

인생이란? 하루하루 매일 훈련을 쌓아가는 것이다.
인생이란? 나 자신을 갈고 닦는 훈련의 장소이다.
인생이란? 실패도 할 수 있는 훈련의 장소이니 두려워 마라.
살아가는 것을 느낄 수 있는 훈련의 장소이다.
지금 이 행복幸福을 기뻐하지 않으면,
언제 어디서 더 행복을 느낄 수 있으랴.
이 행운幸運을 발판으로 삼아 온 힘을 다해 나아가라.
나 자신의 미래未來는 지금 이 순간 여기서부터 시작이다.
지금 당장 여기서 노력하지 않으면 언제 일어서겠는가?

『그러니까 당신도 살아요』라는 자서전에서 오히라 미쓰요는 "가정이나 학교나 세상에 대한 분노와 불만을 해소하려고 비행을 저지름으로써, 그 결과에 대한 책임은 몇 배로 커져서 자기에게 돌아온다는 것을 잊지 말고, 지금의 괴로움과 슬픔은 곧 사라지니 용기勇氣와 희망希望을 품고 긍정적인 자세로 살아야 한다." "젊은 그대여! 인생을 절대로 포기하면 안돼! 한 번밖에 없는 소중한 인생이니까."라고 젊은이들에게 눈물로 호소하고 있다. 일독을 권한다.

보니 앤젤로의 저서인 「대통령을 키운 어머니들」을 읽어보면, 미국에서 가장 존경 받는 조지 워싱턴 대통령과 토머스 제퍼슨 대통령은 어려서 아버지가 돌아가셔서 어머니의 영향을 받으면서 어려운 가정에서 시련을 겪으면서 강하고 자유롭게 컸다고 나온다. 자신의 힘으로 용기를 가지고 불의不義와 싸우면서 양심良心에 따라 행동하고, 책임감責任感을 가지고 삶과 희망을 성공적成功的으로 이루었던 것이다.

보니 앤젤로는 "대통령의 어머니들은 자식의 정신을 자극하고, 독서교육을 중시하였고, 자기계발을 시켰으며, 아내로서 남편을 무시하거나 괴롭히지 않았으며, 잔소리 심한 아내도, 남편을 무기력하게 만드는 아내도 아니고 애교 있는 여성들이었다."고 책을 통해 말하고 있다.

즉, 대통령의 어머니들은 남편과 자식들을 존중할 줄 알았고, 옳고 그름을 확실하게 하는 용기와 자기 자신을 소중히 하는 자긍심을 심어주어 꿈과 희망과 자신감을 가지고, 스스로 최선을 다해 삶의 역경을 지혜롭게 극복할 수 있도록 교육하였던 것이다.

사람의 의지意志는 자기 이성理性에 의해서 좌우된다.

포기하지 말자

16년의 학창생활도 중요하지만, 그 다음부터는 사회에서 배운 경험이 중요하다. 대학을 다니지 않았고, 가난하고 돈이 없어도 2030에 인생을 포기해서는 안 된다.

학력을 위조하고, 거짓말로 결혼까지 하는 사람도 잘 사는 현실이 아닌가. 젊은이답게 용기로 도전해야 한다.

물론 정상까지 가는 길은 거칠고 험난하다. 하지만 지금은 모든 수단과 방법을 동원하여, 삶에 대한 책임을 가지고 할 수 있는 한, 최선을 다해 일어서야 할 때이다.

사람은 빈손으로 왔다가 빈손으로 간다.

자신감을 기르자! 배짱으로 살아라!

오늘의 현실에 안주하면, 내일의 발전이 없다.

유도의 영웅 최민호 선수는 2008년 베이징 올림픽의 유도 60kg급에서 금메달을 받았다. 예선부터 결승까지 5번 연속 1~2분에 한판승부인 통쾌한 승부로 이겨 진정한 강인함을 보여주었다. 그는 셋방에서 살면서 겨울에 난방은커녕 연탄불도 못 떼고 어렵게 살았지만, 포기하지 않았기에 성공했다.

케네디와 처칠

존 피츠제럴드 케네디(1917~1963)는 9명의 형제들 속에서 개구쟁이로 자랐지만, 어려서부터 약속시간을 잘 지키고, 운동과 책 읽기를 좋아해 미식축구, 수영, 골프 등을 하고 역사책이나 훌륭한 위인전 등의 책을 많이 읽고 열심히 공부하여 하버드 대학에 들어갔다. 29세에 국회의원에 당선되고, 43세에 대통령에 당선되어 1961년 1월 20일 미국에서 가장 존경 받는 대통령이 되어 워싱턴 국회 의사당에서 취임연설을 하였다.

"국가가 여러분을 위해 무엇을 할 수 있는지 묻지 말고, 여러분이 나라를 위해 무엇을 할 수 있는지 물으십시오."
(Ask not what your country can do for you.

Ask what you can do for your country.)
비전과 용기를 불러일으킨 이 연설은 미국 국민을 감동시키고 단결시킨 유명한 말로 우리들이 항상 생각해야 할 일이 되었다.

윈스턴 레너드 스펜서 처칠(1874~1965)은 어려서 역사나 시詩는 좋아했지만, 수학 공부를 싫어해 학교성적은 꼴찌였다. 그러나, 언제나 당당한 모습으로 행동하였고 1,200행이나 되는 매콜리의 '고대의 노래'를 암송할 정도로 열심히 노력하였으며, 용감한 군인이 되는 것이 꿈이었다.

그래서 육군사관학교에 시험을 보았으나 두 번이나 떨어지고 세 번째에 합격하여 군사학, 역사, 철학 등의 많은 책을 읽으면서 즐겁게 공부하였다.

그러나, 영국의 수상인 처칠도 처음에는 말을 더듬고 연설을 서툴게 했으나 자신감을 가지고 부지런히 반복 연습하여 세계적으로 유명한 연설가가 되었다. 영국의 수상이 된 윈스턴 처칠은 영국 제일의 옥스퍼드대학 졸업식장의 연설에서 "포기마라, 포기하지 마라, 절대 포기하지 말라(Don't give up, Don't give up, Never give up!)"라고 세 마디만 말했던 것이 유명하다.

누구나 어려움을 극복하고 일어서야 성공할 수 있는 것이다. 젊은이들은 희망과 목표를 가지고 불사조不死鳥처럼 힘차게 끝까지 칠전팔기七顚八起 정신으로 열심히 노력해야 자신의 목표와 뜻을 이룰 수 있다. 인생은 변화무상하다.

윈스턴 처칠은 『나의 소년 시절』이라는 자서전에서 학창시절에는 매일 학교 규율 때문에 뛰어놀지도 못하고, 즐거움도 없어서, 지루하고 무의미하여 공부할 의욕이 생기지 않아 낙제생落第生이 되었지만, 사회에서는 노력하여 우등생優等生이 되고 영국의 수상首相까지 되었다.

우정友情과 사랑

　사랑과 우정友情은 우리 인생에 꼭 필요한 정신적인 인
간미人間美이다. 서로 믿으며 돕고, 서로 격려하며 충고하
고, 서로 존경尊敬하며 공경恭敬하는 아름다운 마음이 진정
한 우정이다.

　남녀男女 간의 사랑은 시간과 공간을 초월하지만, 남자는 우정을 중
시하고 여자는 애정을 중시하는 경향이 있다.

　이성異性간의 사랑은 육체의 소유를 원하므로 감정만 있고, 이해와
인내의 노력이 없으면 오래가지 않는다. 마음의 정情을 원하는 우정도
예의禮儀와 품격品格을 가지고 친구를 이해하고 격려하며, 친구의 단점
과 장점을 이해하고 용서하며, 관용으로 베풀 줄 알아야 오래갈 수 있다.

　"친구와 포도주는 오래 될수록 좋다."라는 영국의 속담처
럼 즐거움과 슬픔을 함께하고 오래 사귀어 서로의 마음이 통하는 믿을
수 있는 죽마고우竹馬故友가 되어야 진정한 친구이다.

　우정의 친구도 서로 삶이 비슷한 사람끼리 주고받고
이해할 수 있을 때 오랫동안 지속이 가능하다.

시간의 힘

학창시절 12년간을 어떻게 활용하고 효율적으로 보냈느냐에 따라서 대학이 바뀌고, 대학 시절을 어떻게 보내냐에 따라 직업이 바뀌듯, 내가 지금 보내고 있는 시간이 내 미래를 결정한다.

청춘 시절은 인생역전의 기회이다.

젊은이는 가진 것이 시간밖에 없다!

나는 지금 무엇을 어떻게 할 것인가?

청년에게 시간은 특권이다.

나이를 먹을수록 책임과 의무는 늘어날 것이고,

결혼을 하면 가정을 지키고 가꿔야 하니,

나를 위해 쓸 수 있는 시간은 지금뿐이다.

청춘들이여! 의기소침하지 말고,

자기 자신을 소중히 여기고 즐기면서 인생을 살아가라.

리더가 되기 위한 법칙

① 진실하고 부지런한 사람이 되라.

리더는 성실근면하고, 진실된 마음의 소유자여야 한다.

② 정의롭고 배짱이 있는 사람이 되라.

리더는 항상 정의의 편에 서서 용기 있게 일해야 존경받는다.

③ 착하고 긍정적인 사람이 되라.

리더는 힘차게 앞으로 모두를 이끌고 나갈 수 있어야 한다

④ 능력있고 지혜로운 사람이 되라.

리더는 능력과 지식을 겸비한 용기 있고 지혜로운 사람이다.

⑤ 약속을 지키는 사람이 되라.

리더는 시간 관리를 철저히 하고 약속을 잘 지켜야 한다.

⑥ 남을 배려하는 사람이 되라.

리더는 친구나 이웃사람들을 돕고 배려하는 습관을 길러야 한다.

⑦ 도전하는 책임 있는 사람이 되라.

리더는 남들이 주저하는 일을 과감하게 시도하고 책임질 줄도
알아야 한다.

⑧ 책을 많이 읽는 사람이 되라.

책 속에 성공의 길이 있다. 책을 많이 읽으면,
유식해지고 생각이 넓고 깊은 리더가 될 수 있다.

⑨ 부드러운 태도와 따뜻한 마음을 갖자.

균형감각의 마음가짐으로 양보하고 관용하여라.

⑩ 리더는 경험과 지식이 풍부해야 한다.

같은 리더도 순위가 있으니 배워야 한다.

"

자기 자신에게 결여되어 있던 것이 아들에게 실현되는 것을
보려고 하는 것은 이 세상 모든 아버지들의 경건한 바람이다.

-괴테

"

한자漢字의 비밀秘密

천자문千字文은 1,000개의 글자를 배열하여 문장을 만들어 놓은 것인데, 다른 말로 백수문白首文이라 불리기도 한다.

천자문은 여러 종류가 있으나 512년 중국의 양무제梁武帝가 주흥사周興嗣에게 하룻밤에 1,000개의 글자로 훌륭한 문장을 완성하면 사형을 면해 주겠다고 명령하여 하룻밤을 새워 천자문을 만드느라 주흥사의 검은 머리가 하얗게 변했다는 주흥사의 천자문 이야기가 유명하다.

최근 한자漢字를 학습하는 것이 국어교육國語敎育에 매우 유익하다는 인식과 세계화世界化의 필요必要에 따라 한자 학습의 관심이 높아지고 있다. 한자의 중요성과 사회적 필요성이 강하게 대두되면서, 2001년 1월 1일자로 교육인적자원부에 의해 한자능력검정시험漢字能力檢定試驗이 한자자격증으로서는 최초로 국가공인을 받게 되었다.

우리말의 70%이상이 한자어漢字語로 되어 있기 때문에 매일 신문新聞을 읽고, 일기日記를 한자로 쓰는 연습만 해도 한자는 간단히 정복征服 할 수 있을 것이다. 현재 우리나라 교육과정에서 한자수업은 아침 자율학습 시간이나 방과 후 수업을 활용하고 있다.

한자공부는 국어공부에도 많은 도움이 되고, 관공서와 기업체에서 승진과 인사人事, 입사入社때에 혜택을 받을 수 있고, 한·중·일의 교류에도 한자의 필요성이 날로 더해 가고 있는 것이 사실이다.

21세기 국제화 시대에 한자 문화권에 살면서 한자를 모르면 많은 불편을 느끼게 될 것이고, 무식한 사람으로 무시당할 것이다.

여기에 기본적인 한자들과 고사성어故事成語 등, 일상생활에서 자주 쓰는 중요한 한자 숙어를 정리해 보았다.

자주 쓰는 한자를 읽고 써보자.

學校	先生	學生	敎室	高校	大學
每日	山川	江山	孝道	苦生	淸明
世上	宇宙	少年	少女	午前	午後
住所	姓名	上下	左右	前後	高低
父母	兄弟	父子	男女	兄弟	姉妹
祖父	祖母	前後	左右	內外	大小
長短	生死	入學	卒業	野球	柔道

인간(人間)	성공(成功)	공부(工夫)
희망(希望)	가정(家庭)	가족(家族)
국어(國語)	영어(英語)	수학(數學)
사회(社會)	과학(科學)	역사(歷史)
평화(平和)	안전(安全)	세계(世界)
합격(合格)	한문(漢文)	시간(時間)
현재(現在)	과거(過去)	미래(未來)

12지간을 알아두면 생활에 편리하다.

십이지는 子丑寅卯辰巳午未申酉戌亥 자축인묘진사오미신유술해

쥐, 소, 호랑이, 토끼, 용, 뱀, 말, 양, 원숭이, 닭, 개, 돼지 띠로 나눈다.

사자성어 四字成語

男女老少 남녀노소	塞翁之馬 새옹지마	以心傳心 이심전심
竹馬故友 죽마고우	作心三日 작심삼일	晝耕夜讀 주경야독
外柔內剛 외유내강	他山之石 타산지석	臥薪嘗膽 와신상담
試行錯誤 시행착오	四面楚歌 사면초가	言行一致 언행일치
喜怒哀樂 희로애락	有備無患 유비무환	終始一貫 시종일관
馬耳東風 마이동풍	大器晚成 대기만성	朝三暮四 조삼모사
苦盡甘來 고진감래	七顚八起 칠전팔기	自暴自棄 자포자기

少不勤學老後悔(소불근학노후회)

젊었을 때 부지런히 배우지 않으면 늙어서 후회한다.

-주자

고사성어古事成語

- 一日不讀書 口中生型棘 (일일불독서 구중생형극)
  하루라도 책을 읽지 않으면 입안에 가시가 돋는다.

- 男兒須讀五車書 (남아수독오거서)
  남자라면 다섯 수레 분량의 책을 읽어야 한다.

- 讀書百遍義自通(독서백편의자통)
  아무리 어려운 책이라도 되풀이해서 백 번 읽으면,
  의미나 내용이 자연히 알게 된다는 것이다.

- 盡人事待天命(진인사대천명)
  인력으로서 할 일을 다 하고 그 결과는 운명에 맡겨라.

- 精神一到何事不成(정신일도하사불성)
  정신을 차려서 일하면 안 되는 일이 없다.

- 一心精到豈不成功(일심정도기불성공)
  한 마음으로 정진하면 어찌 성공하지 못하리오.

- 行思禮動思義(행사예동사의)

  행동하기 전에 예의를 생각하고, 움직이기 전에 의를 생각하라.

- 知彼知己 百戰不退(지피지기면 백전불퇴)

  나 자신을 알고 남을 알아야 이길 수 있다.

- 不孝父母死後悔(불효부모사후회)

  부모님께 효도하지 않으면, 돌아가신 후에 후회한다.

- 學而時習之不亦說乎(학이시습지불역열호)

  배우고 익히면 또한 기쁘지 아니한가.

고교시절=인생역전=대학시절

高校時節=人生逆轉=大學時節

청춘시대靑春時代는 인생역전의 기회機會이다.

잡시雜詩

陶 淵 明도연명

人生無根蔕(인생무근체)	인생은 뿌리도 꼭지도 없어서,
飄如陌上塵(표여맥상진)	길 위에서 먼지처럼 날아다닌다.
分散逐風轉(분산축풍전)	흩어져 바람처럼 굴러다니니,
此已非常身(차이비상신)	이는 이미 상존 아닌 無常한 몸이다.
落地爲兄弟(낙지위형제)	땅 위에 태어나면 모두가 형제이니,
何必骨肉親(하필골육친)	어찌 반드시 骨肉만을 따지겠는가?
得歡當作樂(득환당작락)	기쁜 일이 생기면 당연히 즐겨야 하는 것.
斗酒聚比鄰(두주취비린)	한 말의 술이라도 받아놓고 이웃과 마신다.
盛年不重來(성년부중래)	젊은 시절의 왕성한 때는 다시 오지 않고,
一日難再晨(일일난재신)	하루에 새벽을 두 번 맞기도 어렵다.
及時當勉勵(급시당면려)	때가 되면 놓치지 말고 마땅히 힘써야라.
歲月不待人(세월부대인)	세월은 사람을 기다려 주지 않기 때문이다.

* 도연명(陶淵明, 365~427)은 중국 동진東晉말기부터 남조南朝의 송대宋代 초기에 활동한 중국의 대표적 자연 시인이다.

청포도

이육사

내 고장 칠월은
청포도가 익어 가는 시절
이 마을 전설이 주저리 주저리 열리고
먼 데 하늘이 꿈꾸며 알알이 들어와 박혀

하늘 밑 푸른 바다가 가슴을 열고
흰 돛 단 배가 곱게 밀려서 오면
내가 바라는 손님은 고달픈 몸으로
청포를 입고 찾아온다고 했으니

내 그를 맞아 이 포도를 따 먹으면
두 손은 함뿍 적셔도 좋으련
아이야 우리 식탁엔 은쟁반에
하이얀 모시 수건을 마련해 두렴

* 해설: 청포도라는 풍요하고 평화로운 소재로 삶에 소망을 노래한 시.
  식민지하의 억압된 우리에게 극복 의지가 담겨 있는 신선한 마음가짐
  과 아름다움과 풍요하고 평화로운 삶의 소망과 희망을 노래한 시이다.

참회록

윤동주

파란 녹이 낀 구리거울 속에
내 얼굴이 남아 있는 것은
어느 왕조王朝의 유물遺物이기에
이다지도 욕될까.

나는 나의 참회懺悔의 글을 한 줄에 줄이자.
만 이십사 년 일개월滿二十四年一個月을
무슨 기쁨을 바라 살아 왔던가.

내일이나 모레나 그 어느 즐거운 날에
나는 또 한 줄의 참회록懺悔錄을 써야 한다.
그때 그 젊은 나이에
왜 그런 부끄런 고백告白을 했던가.

밤이면 밤마다 나의 거울을
손바닥으로 발바닥으로 닦아 보자.
그러면 어느 운석隕石 밑으로 홀로 걸어가는
슬픈 사람의 뒷모양이 거울 속에 나타나온다.

* 해설: 암울한 식민지시대에 자기 성찰과 반성을 통해, 역사 속에 자신의 순결한 삶과 모습에 참회하고, 한·중·일을 넘나든 고독한 시인의 내면과 미래지향적이고 강인한 모습을 노래한 시이다.

"죽는 날까지 하늘을 우러러 한 점 부끄럼 없기를 ……
그리고 나한테 주어진 길을 걸어가야 겠다."는 「서시序詩」의 구절처럼, 세상의 어지러운 풍파 속에서도 내일의 희망을 노래한 외유내강의 민족시인으로 유명하다.

"사람은, 자신의 습관과 결혼해 버린다."   -메러디즈
" 인간은 자신의 얼굴에 책임을 져야 한다."   -링컨

"오늘 할 일을 내일來日로 미루지 마라."
What do you do today, Don't put off till tomorrow.

Chapter 05

젊음과 건강

젊음의 힘이 있고 건강할 때,
밤낮으로 책과 씨름을 하지 않으면,
훗날 크게 후회해도 소용없다.
왜냐하면 이미 때는 지나갔기 때문이다.

튼튼한 몸과 마음

성공을 생각한다면 건강은 필수조건이다.
하루 24시간을 어떻게 활용해서 건강을 지킬 것인가?

'7330운동'(1주일에 3회 30분) 같은 규칙적인 운동은 스트레스, 우울증,
암, 각종질병을 예방하고 치료해주고 튼튼한 몸과 마음을 만들어준다.

몸과 마음의 건강은 일과 생활을 분리하고, 식사는 규칙적으로 하고,
욕심 부리지 말고, 휴식을 충분히 하고, 기분을 환기시킬 수 있는 취미
활동을 만들고, 열등감을 버리고, 완벽주의보다는 긍정주의로 일하는
등 아주 단순하지만 많은 사람들이 잘 지키지 못하고 있는 기초적이고
원칙적인 것에서 시작된다. 몸이 먼저 건강해야 마음도 건강해지고 즐
거워진다. 100세 시대에 99세까지 88하게 살려면, 1030대에 미리 준비
를 해야 멋지게 즐겁게 살 수 있다.

"재산을 잃으면 조금 잃는 것이다! 마음을 잡고 다시 벌
면 된다. 명예를 잃으면 많이 잃은 것이다! 명성을 다시
얻는데는 시간이 걸린다. 그러나, 건강과 용기를 잃으면
전부를 잃은 것이다!"

스트레스를 줄이자

1. 감사의 마음을 키우세요.

2. 무리한 시간 계획을 잡지 마세요.

3. 단순하게 만드세요. 정리정돈을 잘하세요.

4. 하루에 단 30분이라도 짬을 내어 혼자만의 시간을 가지세요.

5. 최종 기한을 현실적으로 잡고 거기에 최선을 다하세요.

6. 매사에 30분 정도의 여유를 두세요.

7. 일주일에 한 번은 아홉 시에 잠자리에 드세요.

8. 언제나 흥미 있는 읽을거리를 갖고 다니세요.

9. 호흡은 깊게 자주 하세요.

10. 걷고, 춤추고, 달리고 즐길 만한 스포츠 하나쯤은 개발해 두세요.

11. 휴식과 재충전을 위해 일주일에 하루는 일과를 비워 두세요.

12. 좀 더 자주 깔깔거리며 웃으세요.

13. 자연의 품에 자신을 맡기세요.

14. 자신을 기쁘게 만드세요.

15. 부정적인 사람과 가까이 지내지 마세요.

16. 시간, 창의적인 힘, 감성 등 소중한 자원들을 낭비하지 마세요.

17. 우정을 키우세요.

18. 문제에 접근하는 걸 도전으로 생각하세요.

19. 성취 가능한 목표를 정하세요.

20. 너무 큰 기대를 하지 마세요.

21. 행복은 생활 속에서 느끼는 감정이라는 걸 잊지 마세요.

22. 자신의 영혼을 열심히 돌보세요.

23. 자신의 꿈과 포부를 소중하게 생각하세요.

24. 날마다 가족에게 사랑을 표현하세요.

히로 사치야의 『행복의 발견』 중에서

리더는 웃음과 유머로 스트레스를 극복하고,

상대방의 마음을 사로잡는다.

웃음은 성공과 장수의 지름길이며,

스트레스를 해소시키는 보약이다.

웃으면 복이온다. 笑門萬福來소문만복래

一笑一少일소일소이고 一怒一老일노일노이다.

한번 웃으면, 한번 젊어지고, 한번 화내면 한번 늙어진다.

인내는 쓰지만, 그 열매는 달다.　　　-장 쟈크 루소

운명은 용감한 사람편이다.　　　-라틴 속담

천재는 만들어지는 것이다

스위스의 유명한 심리학자 피아제는 "지적능력과 관련된 모든 작업은 흥미에 달려 있고, 흥미와 열정이 있으면 영재나 천재가 될 수 있다."라고 말했다.

일반적으로 천재들은 조숙하여 조기교육早期敎育을 받은 공통점이 있다.

대음악가인 베토벤, 하이든, 모차르트, 슈베르트나 미켈란젤로나 라파엘로 같은 대미술가들, 그리고 밀턴, 단테, 몽고메리와 같은 대시인들에게는 모두가 자기가 좋아하는 일에 즐겁게 푹 빠져서 많은 노력을 쏟았다는 공통점이 있다.

물론 유전이나 천성도 중요하지만, 좋은 환경에서 열심히 노력하고 개발하면 천재는 사실 만들어지는 것이다.

새로운 것에 흥미를 가지고 도전하는 사람은 반드시 새로운 것을 창조할 수 있다. 자신의 힘과 능력을 기르자!

위기를 기회로 만들어라.

사람이 되자

친절하고 선행하는 지혜롭고 예절바른 사람이 되자.

젊은이가 교만하거나 비굴하게 행동하면서, 희망과 꿈이 없이 살아서는 안 된다. 항상 자부심을 가지고, 자신을 낮추고, 정의와 진실을 위해서라면, 때로는 사자처럼 무섭고 사나워야 한다.

이것이 인간의 참 삶인 것이다. 자부심을 갖고 겸손한 태도로 정의正義 실현을 위해 노력하는 삶이 참된 것이다.

큰일을 하려면, 먼저 자신의 욕심을 줄이고 자신감과 용기를 가지고 적극적으로 뛰어야 후회가 없다.

지나간 과거보다는 다가올 미래 지금 현재가 10배 중요하다. 언제 어디서나 칭찬받는 사람이 되자!

소중한 시간을 헛되이 낭비하지 말라.

우리는 인생을 아름답게, 우아하게, 행복하게 편안하게 살고자 노력하고 있다.

인생을 어떻게 살아갈 것인가?(The use of life)에 대해 에이버리경Lord Avebury은 인생의 중요한 덕목으로 '자기 수양과 교양을 쌓아야 한다.'고 말하였다.

모든 것은 승자의 것이다

청년이 가진 특권은 오직 건강한 정신력과 시간이다.

내일의 승자가 되기 위해서는 오늘도 웃으면서 자신의 품격을 높이고, 자존심을 가지고 청년답게 참고 견디면서 적극적으로 행동해야 한다. 세상 모든 것은 승자의 것이다.

예비판사, 의사, 교사, 사장답게 고고하고 진중하게, 더욱더 겸손하게 똑바로 걷고 올바르게 생각하고 사회생활과 학교생활에도 품격을 가지고 모범을 보여야 한다. 경험과 지혜를 쌓자.

"꿈은, 꿈을 꾸는 사람에게만 찾아온다."라는 말이 있다.

로또 복권도 로또 복권을 사는 사람에게만 당첨된다는 사실을 알아야 한다. 준비해야 기회를 잡을 수 있다.

세상에는 비겁하고 비굴한 속물 기회주의자들이 자신의 이익을 위해서라면 줏대나 양심의 가책도 없이 마음이 계산적으로 왔다 갔다 하고, 적도 아군도 구별 못하는 간신배 역할을 식은 죽 먹듯이 하는 배신자들이 참으로 많다.

잠시의 이익을 쫓아가 흔들리고, 마음고생을 하면서 패배를 자초해서는 안 된다.

인과응보因果應報

내가 미워한 이 나를 사랑할 리 없고,
내가 등 돌린 이 나를 안아줄 리 없다.

내가 욕한 이 나를 곱게 볼 리 없고,
내가 뺨친 이 나를 쓰다듬을 리 없다.

내가 고통준 이 나를 아껴 줄 리 없고,
내가 비웃은 이 나를 위해 줄 리 없다.

내가 슬프게 한 이 나를 기쁘게 할 리 없고,
내가 괴롭힌 이 나를 편하게 할 리 없다.

내가 벌罰준 이 나를 상賞 줄 리 없고,
내가 병病준 이 나를 약줄 리 없다.

내가 멀리한 이 나를 가까이할 리 없고,
내가 깔보는 이 나를 추켜세울 리 없다.

내가 박대한 이 나를 따를 리 없고,
내가 불신한 이 나를 믿을 리 없다.

내가 무시한 이 나를 존경할 리 없고,
내가 피해준 이 나를 도와줄 리 없다.

내가 복수한 이 나를 용서할 리 없고,
내가 헐뜯은 이 나를 칭찬할 리 없다.

내가 혹평한 이 나를 찬평할 리 없고,
내가 배신한 이 나를 친구할 리 없다.

내가 함부로 대한 이 나를 공손하게 대할 리 없고,
내가 뻣뻣하게 대한 이 나를 상냥하게 대할 리 없다.

사랑을 일부러 만들지 마라. 사랑하는 사람을 가지지 마라.
미운 사람도 가지지 마라.

사랑하는 사람은 못 만나서 괴롭고 미운 사람은 만나서 괴롭다.

그러므로, 사랑을 일부러 만들지 마라. 사랑은 미움의 근본이 된다.

사람도 미움도 없는 사람은 모든 구속과 걱정이 없다.

- 『법구경』

> 할 수 있다고 생각하면, 당신도 할 수 있다.
> (If you think you can.)
>
> 꾸준한 노력이 성공을 위한 최선의 방법이다.
> (Making steady efforts is the best way to succeed.)

인생에는 마침표가 없다

내 인생에는 마침표가 있을 수 없다.
힘겹고 고달플 때는 쉼표를 찍자.
마침표는 내 자신의 파멸이기 때문에...
끝까지 포기하지 않으면 우리 인생
끝까지 희망 있다.

- 송천호의 『인생에는 마침표가 없다』중에서

인생의 모든 시련은 잠시 지나가는 소나기와 같은 것이어서 참고 기다리면 새로운 힘이 솟고 행운의 길이 나타난다. 청춘시절에 게으른 사람은 내일이 없다.

명확한 꿈과 계획을 가지고 적극적으로 노력하면 누구나 모든 일에 성공하듯이 꿈이 인생을 만든다.
성공의 비결은 마음가짐과 행동에 있다.
불평불만이 불행의 씨앗이 된다.
"말 한마디로 천 냥 빚을 갚는다."는 말처럼, 말은 당신의 인생을 바꾸는 힘이 있다.

사람의 행복과 불행의 운명은 자신의 마음먹기에 따라 달라진다. 마음이 부자이면 행운이 깃들어 마음이 편하고 행복해진다.

모든 것이 덧없는 변화무상한 세상에 대비하자.

"나는 성공한다, 나는 부자이다, 나는 행복하다" 하루에도 몇 번씩 반복하면서 간절히 원하면서 노력하면 잠재의식 중에 뜻대로 모든 일이 완성되는 것이다. 친절과 배려는 반드시 되돌아온다

말은 듣는 사람의 기분이 좋아지고 희망을 가질 수 있도록 주의해야 한다. 행복, 사랑, 성공 모두 노력하면 이루어진다.

톨스토이, 괴테, 셰익스피어 등의 책을 많이 읽고 간접경험을 쌓아야 실패를 막을 수 있다. 학창 시절은 순수하고 아름답지만, 온갖 유혹과 시련에 부딪치지 않을 수 없다. 좋은 친구도 없고, 돈도 없고 공부는 안 되고…힘들겠지만 여기서 멈춘다고 해서 문제가 사라지지는 않는다. 일어서야 한다. 자신의 힘을 기르자.

학창시절의 좋은 습관이 멋진 인생을 만든다.

나는 어떤 사람인가! 생각하며 반성하자.
사람의 마음은 그의 언동言動과 그가 사귀는 친구를 보면 안다고 한다.

현재의 습관이 미래를 결정한다

지금 자신의 관심關心이 어디에 있는지,
어떻게 시간을 보내는 것이 좋을지,

자신이 기대期待해 온 인생이 실제 자신의
현재現在 인생과 일치하고 있는지,
하는 질문을 자신들에게
자주 던져 보는 것이 좋다.

그에 대한 자신의 대답對答이 최대한
'정직正直'해야 함은 물론이다.

　　　　　- 리차드 칼슨의 『우리는 사소한 것에 목숨을 건다』중에서

* 자신의 인생을 항상 뒤돌아보고, 지금 현재의 습관과 행동이 미래
　를 향해 올바로 나아가고 있는지, 또한 자신의 신념과 일치하는지
　느껴보자. 자신의 의무와 책임을 생각하면 힘이 솟는다.

말! 한마디

부주의한 말 한마디가 싸움의 불씨가 되고,

잔인한 말 한마디가 삶을 파괴 합니다.

쓰디쓴 말 한마디가 증오의 씨를 뿌리고,

무례한 말 한마디가 사랑의 불을 끕니다.

은혜 스런 말 한마디가 길을 평탄케 하고,

즐거운 말 한마디가 하루를 빛나게 합니다.

때에 맞는 말 한마디가 긴장을 풀어주고,

사랑의 말 한마디가 축복을 줍니다.

"말 한마디로 천 냥 빚을 갚는다."라는 말처럼 생활 속에서 말의 힘은 정말 무시無視 할 수 없다.

특히, 언어생활은 그 사람의 교양과 학문의 정도를 알 수 있는데, 일언천금一言千金이라고 말이 천금의 가치가 있는데, 횡설수설橫說竪說하거나 잘못 꺼낸 말 한마디가 상대의 가슴에 상처를 낼 수도 있다.

성공과 행복과 불행

우리의 인생은 참으로 길고도 짧다.

세상은 넓고 할 일은 많고, 시간과 돈은 부족하다. 그러나 진정으로 참다운 행복은 자신의 마음속에 있다. 자신이 하고자 하는 일에 성공한 사람은 세속적인 돈이 없어도 즐겁게 살아갈 수 있다.

돈으로 방탕한 생활을 하는 악한 사람보다는, 굶어도 건강하고 슬기롭고 덕망있는 생활을 한 사람이 더 행복하다.

돈으로 건강도 사랑도 친구도 행복도 성공도 살 수 없다.

행복은 지금 자신이 만들어 가는 것이다.

인생의 성공과 행복을 위해서는 돈 모으는데 너무 허송세월 하지 말라.

현재가 가장 중요하지만, 인격을 수양하고 지나온 과거보다는 미래에 희망을 가지고 덕을 쌓으면서 참고 견디면 행운이 올 것이다.

어느 누구도 다른 사람을 이해해주고 행복을 대신 만들어 줄 수는 없다.

무궁무진하고 변화무상한 세상에서 승자로 살아남기 위해서는 노력하고 연구하는 것을 게을리 해서는 안 된다. 승부는 기회를 잡는데 있다. 기회는 준비하는 사람에게만 찾아온다.

그 일이 옳고, 유리하다고 판단되면 신속하고 과감하게 추진해야 완성할 수 있다.

사필귀정事必歸正이라고 인내忍耐는 쓰지만, 그 열매는 달다.

언제나 운명運命은 용감한 사람 편이다.

따뜻하고 항상 웃는 좋은 사람이 되어야 한다.

같은 사람이라도 어떻게 생각하고 어떻게 보느냐에 따라서 그 형태가 다르다.

관점과 생각의 차이에 따라 성공도 행복도 불행도 여러 가지로 보이는 것이다.

Only I can change my life.

나만이 내 인생을 바꿀 수 있다.

No one can do it for me

아무도 날 대신해 줄 수는 없다.

-캐롤 버넷

If you can dream it, you can do it.

만약에 너가 그것을 꿈꾼다면, 넌 그것을 할 수 있다.

-월트디즈니

친구의 우정友情

친구는 자신을 비추는 거울과 같다.

우정은 향기香氣 나는 장미꽃이다.

의리義理 없는 벗은 사귈 필요가 없다.

의리 없고 무식한 친구처럼 위험한 존재는 없다.

진정한 좋은 친구는 약속을 지켜주고, 잘못을 타일러 주고, 어려운 일을 함께 해주고, 언제 어디서도 나쁜 일을 요구하지 않는다.

군자君子의 우정은 물처럼 맑고 변함이 없지만, 진실 되고 아름다운 우정友情은 인내심을 요구한다.

소인小人은 변덕스럽다. 어려울 때 목숨을 같이 할 친구는 없다.

진정한 친구는 몇 년 동안 안 만나도 변함없는 사람이다.

인격 형성에 친구의 영향은 매우 크다. 착하고 좋은 사람과 함께 있으면 향기롭지만, 나쁜 사람과 같이 있으면 썩은 냄새가 난다.

오래 사귄 사람일수록 진정한 우정을 유지하기 위해서는 상대방을 배려하고, 존경과 예의를 잃지 않도록 노력해야 한다.

슬픔과 기쁨을 함께하는 좋은 다정한 친구는 힘이 되고, 초·중·고·대학 친구, 사회 친구, 군대 친구, 직장 친구 등등, 친구는 여러 명 필요하고, 친구의 좋은 점과 경험을 배울 수 있다.

세상을 살다보면, 시골, 외국에 떨어져 살아도 좋은 친구는 중요하지만, 잘못된 친구를 만나면 괴롭고, 돈 빌려주면 갚지도 않는 원수가 되니 주의해서 사귀어야 한다.

무례하고 편협한 무분별한 행위를 하는 사람은 우정도 의리도 인정사정도 없고, 잘못된 행동을 하여 신뢰도 잃고, 타락하여 어리석은 짓을 하니 경계해야 한다.

어떤 사람을 친구로 사귀고 있느냐에 따라 그 사람을 객관적으로 평가하므로 자신의 인격을 성장시키는데 필요한 사람을 사귀어야 한다.

친구를 보면 그 사람을 알 수 있다.

A man is known by the company he keeps.

Make haste slowly.
급할수록 돌아가라.

품위 있는 언행을 하라

말과 행동을 보면, 그 사람의 품행이나 인격의 됨됨이를 잘 알 수 있다.

눈으로 마음이 통하듯이, 말에는 인격이 포함되어 있다.

건강과 지혜와 용기를 가지고 정말 리더답게 적극적인 사고방식으로 행동하고 노력해야 한다.

남을 배려하고 칭찬하는 태도, 상대방에게 신뢰를 주고 호감을 주는 능력 있는 사람은 상대를 무시하지도 않고, 결코 비방하지도 않는다.

주변에 좋은 사람을 많이 두고 존경 받는 사람이 되도록 품위品位 있는 인격人格을 갖추도록 노력해야한다.

대인大人은 항상 동의同意하고 칭찬하며 겸손하게 양보한다.

"칭찬은 고래를 춤추게도 만든다."는 말이 있듯이 "꽃향기는 바람에 거슬러 흐르지 못하지만, 칭찬은 온 세상에 전해진다."는 것을 알아야 한다.

지혜知慧로운 사람은 정직, 근면, 성실, 순결, 절제하고, 모든 일을 올바르게 처리하는 능력이 있다.

승자와 패자

승자와 패자, 성공과 실패는 종이 1장, 1%, 1분, 1초의
차이에 불과하다는 사실을 명심하자.

길고 긴 인생에서 성공과 실패는 모두 소중한 자산이다.
패배를 결코 두려워하지 말라.
실패에서 조금만 노력하면 모두 승자勝者가 될 수 있다.
목표와 비전이 있어야 자신의 미래가 보인다.
패배와 인내는 성공을 낳고, 꿈과 희망은 사람을 만든다.

항상 오늘이 생애 마지막 날이라 생각하고 적극적積極的
이고, 낙천적樂天的이고, 명상적冥想的으로 판단하면서 마음
에 여유를 가지고 살아야 한다.
당신도 세상을 살다보면 버려지고, 이혼당하고, 해고도 당할 것이다.
어떤 문제가 생겨서 당신을 괴롭히면, 더 이상 참거나 도망가지 말고,
정면으로 맞서서 한판 싸워야 해결되고 이길 수 있는 것이다.
언제까지고 고민만 하고 참고만 있을 수는 없지 않겠는가.

자기의견이 중요하다

젊은이는 건전한 정신精神과 분별 있는 정의正義로운 행동으로 무조건 남의 주장, 남의 의견에만 따르는 것보다는 가끔은 자기 주장을 하면서 거절할 줄도 알아야 한다.

정직正直하고 진실한 자신의 의견意見을 주장할 줄 아는 올바른 판단력判斷力과 정확한 표현력表現力과 정직한 용기를 기르고 정도正道를 걸어야 자신도 발전하고 성공할 수 있다.

항상 책임 있는 올바른 자기주장, 자기의견이 중요하다.

어리석은 사람은 시간과 돈을 낭비하지만, 현명한 사람은 시간과 돈을 절약할 줄 알고, 자신의 분수를 알며, 자존심自尊心을 길러야한다.

사물의 판단은 참으로 어렵고 힘들다.

상대방의 의견도 경청하고 귀를 기울이는 겸허함을 소유하지 않으면, 평생 초라한 인생을 살게 된다.

지식은 풍부하게, 태도는 겸손하게 항상 노력하는 젊은이, 힘을 기르는 젊은이, 끈기 있는 젊은이, 활기 있는 젊은이는 훗날 존경받는 훌륭한 사람이 될 것이다.

청춘시절에 꼭 해야 할 일

청춘시절의 생활습관生活習慣이 가장 중요하다.

청춘靑春을 보내면서 1년, 5년, 10년 후의 자기 자신自己 自身의 모습을 상상想像하면서 자신 있게 살아야 한다.

일찍 일어나서 부지런히 공부하고, 최선을 다할 때 성공할 수 있다.

열심히 자기계발自己啓發을 하는 사람은 그만큼 자신감이 생기기 때문에 남보다 취직就職도 잘하고, 승진, 창업 등에서 항상 승승장구하고 언제 어디서든지 중심적인 인물이 된다. 항상 모든 일에 자신감을 가지고 열심히 반복하고 연습한다면 누구나 일을 잘 할 수 있다.

세상만사世上萬事가 뜻대로 안 될 때는 엉엉 실컷 울면 또 힘이 생긴다.

밤 12시 산사山寺의 고요한 종소리를 들으면서 생각을 하고, 시詩나 소설小說을 써보고 그림을 그려 보면서 다시 작심삼일作心三日이라도 각오를 세워보고, 자신감과 청춘의 용기와 패기覇氣로 정신무장을 하고, 힘을 내어 젊은이답게 다시 오뚜기처럼 일어서면 되는 것이다.

언제 어디서나 필요한 리더로서 이 세상이 필요로 하는 핵심 인물이 되도록 노력하면서 인간관계人間關係에 기본적으로 지켜야 할 도리道理

와 예의를 갖추어야 사람다운 사람이 될 수 있다.

청춘시절靑春時節에는 공부를 열심히 하고, 영어, 일본어, 중국어, 프랑스어, 독일어 등의 외국어도 최소한 2개 국어 이상은 말할 줄 알아야 국제인國際人이고, 지식인知識人이라 말할 수 있다.

청춘시절을 잘 보내는 방법

시간은 흐르는 물처럼 빨라서 눈 깜짝할 사이에 지나가 버린다. 젊은 이여! 지식과 지혜로 무장하고 매일 무섭게 변해야 살아남는다.

청춘시절에 능력을 열심히 갈고 닦아야 후일 여유 있게 휴식을 하면서 인생을 뜻대로 자유롭게 살아갈 수 있다.

젊은 청춘시절, 오늘 이 순간 최선을 다하지 않으면 평생을 두고두고 후회하는 별 볼일 없는 매력 없는 인간이 되고 만다. 언제 어디서도 필요한 사람이 되자.

자신의 인격과 능력이 완성되는 인생의 황금기는 누구에게나 있다.

마음이 가난한 사람처럼 지나간 과거에 얽매이지 말고, 스트레스를 풀어 버리고 미래의 희망을 가지고 웃으면서 살아야 한다.

좌절이 있더라도 인격이나 진실한 마음을 잃지 말고 돈의 노예가 되지 말라. 거짓말 잘하고, 마음이 가난한 사람이 제일 불쌍한 사람이다.

확고한 목표와 인생의 목적을 향해 똑바로 나아가야 성공할 수 있다.

수십 번 실패하더라도 결코 포기하지 않으면, 누구나 반드시 성공할 수 있는 기회가 찾아 온다.

청춘시대는 아름답다

청춘시대는 어딘가에 정열과 사랑을 쏟고 싶은 충동을 느끼는 시기이기도 하다. 진정한 사랑은 인간이 가지는 가장 거룩한 마음씨이다.

아름다운 것은 마음의 문을 활짝 열고, 남의 문제들을 자신의 일같이 생각하고 정성을 다하여 도우려고 하는 친근감을 뜻한다.

거룩한 마음씨는 무한한 가치를 지니는 것으로써, 사람이 지닌 온갖 장점을 발전시키는 기본이 될 뿐만 아니라, 인간의 가능성을 최대한으로 이끌어 내고 승화시켜 참다운 능력을 발휘하게 하는 원동력이 되기도 한다.

그러나, 진정한 사랑도 이성적 각성을 통해서 이루어질 때, 비로소 그것이 지니는 진실 된 의미를 찾을 수 있는 것이다.

따라서, 사랑의 참뜻을 알고 이를 자기 주변에서부터 점차 확산시켜 나갈 때, 자신이나 이웃의 발전은 물론, 국가와 사회의 발전에도 공헌할 수 있는 힘이 된다.

불안감은 상황을 잘 모르거나 학업의 성취에 대한 신념이 불확실할 때에 생긴다. 새로운 상황에서 새로운 활동이나 학업의 성취가 요구되는 청년기의 불안감은 불가피한 것이기도 하다.

이러한 불안감이 바람직한 상태는 아니므로 이것은 극복되어야 한다.

풍부한 지식과 경험經驗, 그리고 인격人格의 꾸준한 수련修鍊을 통해 얻게 되는 자신감自信感이 가장 중요하다.

중국의 시인 도연명은 "잡시雜詩"에서 젊어서 공부하라고 권한다.

"젊은 날은 다시 오지 않는다. 하루에 새벽이 두 번 오지 않듯이 공부도 시기가 있으며, 세월은 사람을 기다리지 않는다."

인생은 새옹지마이다. 우리 인생은 길흉화복의 변화가 심해서 예측하기 어려우니 무슨 일이 있을 때마다 일희일비一喜一悲 할 것도 없다.

2030대의 인생은 지금부터이며, 매일 변화하고 성장해야 4050의 삶이 아름답고 멋지게 살 수 있다.

추위에 떨어 본 사람일수록 태양을 따뜻하게 느낀다.
인생의 역경을 헤쳐 나온 사람일수록 생명의 존귀함을 안다.
- 휘트먼

모든 일에는 때가 있다

인생 80~100세 중에서 청소년기는 10~20대이다.

학창시절은 16년이다. 초등 8~13세, 중등 14~16세, 고등 17~19세, 대학 20~23세의 인생에 미치는 영향은 평생을 좌우할 정도로 강력하다.

1년, 3년, 5년 후의 목표를 향해 희망이 샘솟고 보다 더 나은 삶을 살아 갈 수 있는 방법을 생각해야 된다.

인생은 짧다. 모든 일에는 때가 있다.

비바람이 셀수록 아름답고 강한 나무가 되듯이, 우리 인생도 시련과 역경을 극복해야 홀로 든든하게 설 수 있다. 미래에 후회하지 않도록 행동하자. 골든타임을 잘 활용해야 목표를 달성할 수 있다.

공부 좀 열심히 했더라면 출세해서 행복하게 살 텐데, 정신 안 차리고 놀다가 학창시절이 끝나면 고생길만 보인다. 그 쉬운 교과서 10번만 읽었으면 가고 싶은 대학에 갔을 텐데……

후회하고 눈물을 흘려도 버스 간 후에 손드는 것과 같다.

게으른 나쁜 습관 때문에 인생은 고생길이 된다.

인생이란 마음대로 쉽게 잘 풀리지 않는다. 누구나 고생하면서 경험하고 쓰러져도 일어서는 오뚝이처럼 살아야 성공한다.

용기를 가지고 도전하면 안 되는 일은 없다지만 그게 쉬운 일은 아니다. 도중에 좀 힘들다고 끈기가 없어 포기하면, 자신의 목표를 이룰 수 없다.

넘어지고 깨어지더라도 끝까지 포기하지 않고 일어서야 한다.

"인내忍耐는 성공成功의 어머니이다." 지금 최선을 다해 인내심을 가지고 참고 노력하면 세상에 안 되는 일은 거의 없다.

"실패는 시작의 출발점이다." 성공할 수 있다는 자신감과 인내력이 있으면 성공한다. 안 되는 일은 없다.

"오늘 지금 할 수 있는 일을 내일 모레로 미루지 마라."

승리를 위해서는 자신의 모든 힘을 쏟아야 한다.

젊은이가 용기도 자신감도 없다면 노인과 같다. 7080 노인은 힘도, 자신도, 목표도 없다. 그저 안 아프고 살아 있기만을 원할 뿐이다.

항상 마음의 문을 열고 내일을 향해 힘차게 끈기로 버티고 힘을 길러야 한다. 내일의 희망과 영광이 기다리고 있으니 웃으면서 시련을 극복하고 전진해야 할 것이다.

시간관리 10계명을 지키자

1. 시간은 흐르는 물과 같으니 소중히 하라.

2. 자신의 시간을 효과적으로 사용해야 힘이 생긴다.

3. 자신에게 알맞은 장, 단기 목표를 세워야 한다.

4. 자기에게 가장 중요한 일을 제일 먼저 해야 한다.

5. 지금 가능한 현실적인 계획표를 만들어 실행하라.

6. 나쁜 습관은 버리고, 좋은 습관을 길러야 성공한다.

7. 젊은 시절을 헛되이 낭비하면 미래가 없다.

8. 시간을 잘 관리하고, 시간 낭비를 줄여야 한다.

9. 모든 시간을 항상 긍정적으로 활용해야 잘 된다.

10. 적극적으로 행동해야 시간이 절약된다.

Chapter 06

청춘시대의 삶

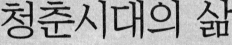

인생은 한 권의 책과 같다.

"책 속에 길이 있고 인생이 있다."
사람은 아는 만큼 보이고, 보이는 만큼 느끼고,
느끼는 만큼 생각하고 올바르게 일할 수 있다.

인생은 생방송이다

인생이란 단 한번 뿐인 것이다.

최인호의 『별들의 고향』은 1971년에 베스트셀러였으니 나온지 좀 된 책이긴 하지만, 젊은이들이 꼭 한번 읽어볼만한 책으로 저자는 책을 통해 다음과 같이 말한다.

"자기의 마음을 찾아라.

인생이란 단 한번 뿐이다. 인생은 생방송이다.

가장 으뜸으로 평안한 마음을 자유롭게 하라.

모두가 나를 미치게 만들고, 시도 때도 없이 괴롭혀도 내 마음을 자유롭게 자연으로 보내리라. 걱정만 하면서 시간을 보낼 순 없다. 인생을 멋있게 설계해야 한다.

날마다 깨어있는 마음으로 나를 찾아야 한다.

해우소解憂所에서 인생을 생각해 보고, 산에 올라 우울한 마음을 달래 보아라. 아름다운 삶을 살고 싶다면, 자신만의 세상을 여유로운 마음속에 정성스레 담아라.

비참하고, 외롭고 슬퍼서 뜨거운 눈물이 흘러도 큰마음은 탐욕에도 흔들리지 않고 꿋꿋하게 노래를 부르면서 두 번 다시없는 기회를 멋있게 언제나 즐거운 마음으로 웃으면서 살아라.

세상에서 버림받고, 웃음거리가 되더라도 삶이 메마르고 힘들더라도 자신의 잠재력을 키우고 자신의 힘을 믿으면서 극복해야 한다.

인간은 누구나 즐겁고 기쁠 때보다 슬프고 우울하고 힘들 때가 더 많다.

향기롭고 행복하고 멋있게 인생을 살리라. 성인군자는 자기 마음을 제대로 다스리는 인물이다. **세상 모든 일은 마음먹기에 달려 있다. 나의 적은 결국 자신이다.**"

뜻을 세우는 데에 너무 늦은 때는 없다. 중요한 것은 큰 뜻을 품고, 인내하고 결심하고 실행하는 자신이 필요하다. 마음속에 이것저것 번민하면 건강에 좋지 않다. 후회해도 소용없다. 대부분의 사람들이 작심삼일作心三日을 거듭하면서 불안 초조해하고, 불확실한 시간을 보내고 있다. 청춘은 무언가에 도전할 수 있는 가장 중요한 시기이다. 1년, 2년, 5년 후를 생각하면서 빨리 어른이 되었으면 하고 기다렸던 지금 현재 꼭 해야 할 일을 젊은이답게 힘차게 뛰면서 생각해야한다.

무슨 일이든지 해야 할 일을 반드시 행하라.
그러면 후회는 없을 것이다.
해서는 안 될 일은 하지를 말라.
해서 안 될 일을 행하면 반드시 번민이 따른다. -법구경 지금 오늘 무엇을 해야 할지를 모르는 사람은 내일도 무엇을 할지 모르고 매일 헤매게 된다. 목표도 희망도 보이지 않는다.

"독서는 풍부한 인생을 만들고, 대화는 재치 있는 유능한 사람을 만들고 글을 쓰는 것은 정확한 사람을 만든다."

-베이컨

"While there is life there is hope.
삶이 있는 한 희망도 있다."

-키케로

젊은이들은 스트레스 해결책으로 술과 담배를 이용하는데, 술은 뇌를 파괴시키고 간암을 유발시키며, 담배는 폐암을 유발시키고 백해무익百害無益하다고 한다. 운동도 적당히 중강도로 해야 살이 빠지고, 근력이 형성되고 혈압도 낮아진다. 물은 하루에 2ℓ 정도 마시고, 30분 정도의 걷기운동과 규칙적인 식사습관과 골고루 영양 섭취해야 건강하다.

젊은이는 과거 보다는 현재에 충실하면서 작은 일부터 실천하라.
젊은이들이여, 절대 기죽지 말고 힘차게 앞으로 나가자!
현실現實에 사로잡히지 말고, 내일의 높고 큰 희망希望을 가져라.

오늘이 최고의 날

오늘 지금이 내 인생 최고의 날이다.
세상을 두드리고 열어라!
자신의 능력과 가치를 믿어라!
귀신도 있다면 널 따르게 하라.
세상을 읽고 움직이는 힘을 길러라.
갈 길이 멀고 힘들어도 참고 견디어 이기자!
하찮은 자들과 어울리며, 시간과 인생을 낭비하지 말라.

파란만장波瀾萬丈한 인생에서 가치가 있는 삶을 위해 따뜻하게 살아야
한다. 의미 없는 비겁한 자들과는 싸우지도 어울리지도 말고, 좀 더 위
로 보고, 마음이 병든 자들과 공존하지 말라.

인생철학도 비전도 목표도 희망도 없는 현실도피를 꿈꾸는 별 볼 일
없는 자들과 어울릴 시간이 없다. 성공하기에, 행복해지기에 내일은 너
무 늦다. 너의 아픔을 함께해 줄 사람, 널 사랑해 줄 사람, 진정으로 널
필요로 하는 사람 곁에서 힘을 길러야 한다.

삶과 죽음은 자연의 이치요. 만물의 법칙이다. 우리 인간이 늙어가면
서 자연의 법칙에 순응하듯이, 노력하여 자신의 뜻을 자연에서 실현하

는 사람이 되어야한다. 자연환경을 살리고 재활용하여 자연을 보호하고 살려야 우리 인간도 물, 공기, 산, 바다 등의 대자연의 혜택을 받을 수 있을 것이다. 인생의 후반기에 대비하여 젊어서 힘과 능력을 갖추어 놓아야 여유롭게 살 수 있다.

인생의 목표를 꿈꾸어라.
그러면, 이루어질 것이다.
인생을 즐겁게 웃으며 살자.
그러면, 힘이 솟아난다.
내일을 위해 오늘 시작하자.
힘들고 괴로운 생활도
웃음과 사랑으로 극복하자.
외롭고 서러워도 약해지지말자.
청춘시대의 젊음과 희망이여!

인생의 역경을 헤쳐 나온 사람일수록 생명의 존귀함을 안다.

-휘트먼(시인)

면접시험의 대비방법

항상 면접시험에 단골 질문으로 나오는 문제.

1. 그동안 가장 감명 깊었던 영화나 책은 무엇입니까?
2. 폭력을 하는 친구가 있다면 어떻게 하겠습니까?
3. 지금 1억 원이 생기면 어떻게 쓰겠습니까?
4. 왜 영어나 외국어를 공부해야 합니까?
5. 자기 PR를 한번 해보세요.
6. 지원동기를 말해보세요.
7. 특기나 취미는 무엇입니까?
8. 요즘 젊은이들의 문제점은 무엇이라고 생각합니까?
9. 한국사회에서 가장 큰 문제점은 무엇입니까?
10. 한국이 선진국이 못된 이유는 무엇이라고 생각합니까?
11. 한국인의 장점과 단점은 무엇입니까?
12. 2030대에 꼭 해보고 싶은 꿈은 무엇입니까?

100대1의 면접에서 합격하려면, 1% 합격의 비밀을 철저히 준비해야 한다. 긴장해서 떨지 말고 차분하게 말한다.

면접의 기술은 중요한 것은 자기 생각을 자신 있게 똑똑하게 표현하고, 자기 자신이 심사위원의 입장에서 질문에 대답을 해야 된다는 사실을 기억해야한다.

예를 들면, 사형제도나 간통죄의 폐지에 찬성한다면, 왜 찬성하는가의 이유를 잘 설명해야 하고, 왜 이 회사를 선택한 이유를 면접관이 수긍하도록 잘 말해야 합격한다.

젊은이다운 패기와 자신감을 가지고 자기 생각을 잘 정리해서 상식과 아이디어를 잘 표현해야 한다.

자기소개서와 준비된 장래계획서의 작성과 면접대비도 성실하게 철저히 준비해야 한다.

취업을 위해서는 자기소개서에서 자신이 살아온 과정과 인생관, 경험, 독서, 취미, 봉사활동과 수상실적 등의 기본스펙을 정확하게 기록하고 경력과 경험을 자세히 표현해야 한다.

당락을 결정하는 10분 면접에서 차분하게 또박또박 면접관이 이해되도록 표준말과 질문의 핵심을 잘 표현하고 대답을 잘 해야 한다.

성취욕과 창의적인 재능을 개발해야 아름다운 미래가 있다. 젊은 시절에 열심히 적극적으로 생활하지 않으면 늙어서 크게 후회하게 된다. 실력과 열정을 겸비한 젊은이는 리더와 CEO가 될 자격이 있다.

청춘 시절의 힘

'천리 길도 한걸음부터'라는 말이 있듯이, 기회를 적극적으로 활용하여 자신의 능력과 힘을 길러야 성공 할 수 있다.

중국 고전인 『대학大學』에서 나오듯 "구일신苟日新, 일일신日日新, 우일신又日新"의 정신으로 세상을 살아가고, 날마다 새롭게 발전해야 성공할 수 있다.

자기발전의 기회는 황금, 소금이 주는 것이 아니라 지금 중요한 이 시간이 주는 것이다.

위기상황을 벗어나려면 개혁밖에 없지만, 소 잃고 외양간 고치는 식이 되어서는 안 된다.

우리 젊은이들이 힘을 합쳐 서로 돕는 줄탁동시啐啄同時의 정신과 자세로 적극적인 참여와 협조가 있다면, 자신의 발전 가능성은 높다.

지금, 오늘, 현재가 중요한 골든타임이다.

자부심과 보람을 갖고, 창의적이고 혁신적인 발상으로 우물 안의 개구리가 아닌 글로벌 사회의 주인공이 될 수 있도록 우리 젊은이들이 치밀하고 구체적인 계획을 잘 수립해야 한다.

가르치고 배우면서 서로 성장하는 교학상장敎學相長의 정신으로 부드러운 포용과 희생 봉사의 리더십으로 백년대계百年大計를 생각하며 자신의 경쟁력을 키워야 할 때이다. 젊은이들이 왈가왈부하면서 갑론을박으로 무책임하게 허송세월을 보내지는 않는지 고민을 한번 해 봐야 할 때이다.

그러나, 지금 우리 젊은이들의 무사안일한 태도는 참으로 걱정스럽고 시대착오적이다. 너무나 무책임한 자들도 있어 참으로 안타깝다.

노력을 안 하면 안 되느냐고 무책임한 반문도 하지만, 우리는 지금 이것저것 따질 여유가 없다.

모든 일에는 시기와 때가 있는 것처럼 우리 젊은 대학생들에게 미래의 희망을 주는 경쟁력을 키우고, 취업률을 높이는 구조조정에 답이 있다.

청년 실업 문제로 사회가 몸살을 앓고, 취업 못한 박사博士들이 곳곳에서 방황하고 있고, 국내외에서 한해 8000명의 박사가 쏟아지는데, 3000명 이상이 노는 박사인 것이 실정이다. 박사들도 거의 취업을 못하는 안타까운 현실에서 중, 고교생 절반 정도가 10억 원만 생기면 감옥에 가겠다하고, 대학 졸업생들이 50%도 취업이 안 되는 잘못된 현실 속에서 구조조정은 필수불가결한 일이다. 국가와 기업이 답을 내야한다.

우리 학생들의 취업률을 높일 수 있도록 과감한 결단과 혁신이 필요하고, 인재육성人材育成도 구성원들이 새로운 변화를 위한 창조성과 준비가 제대로 갖추어졌을 때 가능하다. 선진국들처럼 해외로 떠난 대기업들이 회귀回歸해야 일자리가 생긴다.

우리 젊은이들이 양보와 통합과 소통을 하면서 새롭게 창조해야 한다. 모두의 발전을 위해 각자가 힘을 낼 때이다! 대한민국大韓民國.

『주역周易』의 계사편에서 궁즉변窮卽變, 변즉궁變卽通, 통즉구通卽久라고 했듯이, 즉, 궁하면 변하고, 변하면 통하고, 통하면 오래간다는 뜻이다.

공동체의 발전을 위해 서로 한발씩 양보하고 타협하여 정情이 흐르는 행복하고 좋은 나라를 만들어야 할 책임이 우리 젊은이들에게도 있다는 사실을 명심하자.

인생人生이란? 희로애락喜怒哀樂 이다.

한자漢字로는 두 사람이 짐을 지고 다리를 건넌다는 뜻이지만, 인생의 최고 행복은 사랑받고 있다는 확신이며, 자신의 인생을 풍부하게 해줄 좋은 책을 많이 읽고, 많이 배우면 인생이 바뀌고 달라진다.

꿈을 먹고 살아가는 사람은 타고난 천재의 소양보다는 노력이 중요하다. 누구나 기나긴 인생에 세 번은 기회가 온다고 한다.

참 삶의 희망과 목표를 향해 최선을 다하면 인생의 길이 열리는 것이다.

겨울이 가면 봄이 오듯이 세상에는 슬픔과 장밋빛 인생이 공존한다.

말보다는 행동이 중요하다.
Actions speak louder than words.

적자생존의 법칙

대학을 가기 위해 시행착오를 겪으면서 눈물 흘리고, 고교 3년 동안 밤새우며 공부한, 고달프고, 괴롭고, 힘든 치열한 경쟁의 경험이 없는 대한민국의 청년은 없을 것이다.

청년들의 꿈과 목표는 보이지 않는 차이가 있지만, 그 꿈과 희망은 소박하고 아름답다.

그러나 적자생존의 법칙은 피눈물 나도록 치열하고, 냉정하고 무섭기도 하다.

자기가 가고 싶은 대학의 합격과 불합격은 성공과 실패의 차이고, 하늘과 땅의 차이가 되는 것이 우리나라의 현실이다.

여기서 최승자 시인의 '내 청춘의 영원한' 시詩를 읽어보자!

이것이 아닌 다른 것을 갖고 싶다.
여기가 아닌 다른 곳으로 가고 싶다.
괴로움, 외로움, 그리움
내청춘의 영원한 트라이앵글

참으로 청춘 시절을 간단명료하게 잘 표현한 시詩인 것 같다. 즉, 청춘은 누구나 괴롭고, 외롭고, 그립고, 슬프고, 아픈 것 같다.

청춘 시절은 기쁨과 슬픔, 행복과 불행, 승리와 패배, 즐거움과 괴로움이 함께 존재하는 것이다.

때로는 시詩나 소설小說을 읽으면서 삶의 고통과 그리운 마음을 달래고 고통과 서러움을 참고 가난과 싸우면서 눈물 흘리며 성장하고 살아가는 것이 청춘시대인 것이다.

현대일본문학을 대표하는 무라카미 하루키村上春樹는 68세인데 매일 오후에 10㎞를 뛰면서 상상하고 소설을 쓴다. 『상실의 시대』와 『1Q84』보다도 최근에 출판한 『기사단장 죽이기』가 인기인데, 난징대학살 등의 일본역사의 어두운 면을 다뤘다. 그는 "자신의 생각대로 행동하고, 자신을 믿고 어려워도 도전해야 한다."고 말한다.

베풀고 선한 일을 행하는 자는
참된 생명을 취하리라. 『신약성서』

Life is full of ups and downs.
양지가 음지 되고 음지가 양지 된다.

한 우물만 파지 마라

100세 시대 투잡시대에 직업에도 귀천이 없고 자주 바뀐다. 힘들어도 하고 싶은 일을 하면 행복하겠지만, 너무 뜻대로 안되면 다른 제2의 목표를 찾아서 하면 되는 것이니까 너무 고민하고 너무 괴로워 할 필요는 없다. 시간이 지나고 살다보면 모두 잊고 웃으며 살 날이 찾아온다.

많은 젊은이들이 취직을 못하여 포기하고 도서관에서 하루 종일 365일 앉아있고, 눈물을 흘리면서 비참한 시간을 몇 년이고 보내고 있으니 참으로 안쓰럽다. 청년들이여, 해외로 나가라!

희망과 목표를 잃어버린 많은 젊은이들이 어렵게 힘들게 대학을 나와도 일자리를 못 찾아 아르바이트로 연명하면서, 하고 싶은 일도 못하고 결혼도 못하고 N포 시대에 살아가고 있는 것이 대한민국의 현실이고 실정이니 참으로 개탄스럽다. 이게 나라인가? 2030 젊은이들이여!
절망만하지 말고, 웃으면서 희망을 찾아보자!

21세기는 정보화시대이다. 자동차나 핸드폰을 보면, 3개월 후에 새로운 차와 핸드폰이 나오듯이, 컴퓨터 지식도 오래된 것은 쓸모가 없다. 세상은 빠르게 변화한다. 대학공부도 회사나 사회에서 별로 써 먹을 것이 없을 정도로 사회의 발전은 빠르다.

이제는 남이 하는 대로 하지 말고, 자기의 취미와 적성을 살리고 개성을 살려서 하고 싶은 잘 할 수 있는 일을 찾아서 하면서 살면 된다.

자기 적성에 맞는 일을 찾아서 하면 즐겁고 행복하다.

인생을 80으로 본다면 나이 40까지도 전반전에 불과하다.

이제 출발점에 불과하니 포기하지 말고 즐겁게 살아야 한다. 학창 시절이 끝나면 사회생활을 즐기면서 30대에 새로운 직업을 찾으면 된다. 2만 가지가 넘는 직업 중에서 자신의 길이 보이지 않는 것 같다고 느껴져 좌절이 오더라도 중반에 절망하거나 낙심하지 말고, 살아가다 보면 후반전에 또 다른 좋은 길이 얼마든지 생기는 것이다.

아무리 외롭고 괴로워도 희망과 용기를 가지고 웃으면서 즐겁게 살 수 있기를 바란다. 우리도 대통령 한번 해보자!

남들이 여행가고, 연애하면서 놀 때,
땀나게 도서관에서 책과 씨름하고,
자기 할 일에 전념하면 좋은 기회가
반드시 찾아오고 성공의 길이 보인다.

적성과 인성면접의 기술

공손하고 예의바른 언동, 남을 배려하는 마음, 책임감과 적극적인 태도와 능력을 갖춘 스스로 행동하는 사람을 뽑으려고 하는 것이 면접이다.

21세기 사회는 글로벌 인재를 필요로 하기 때문에 대인관계능력과 의사소통능력, 봉사정신 등의 리더십을 가진 인성人性 즉, 인간성이 좋은 사람이 면접시험에서 우선적으로 선발되기 마련이다.

일반적으로 많이 물어보는 구술면접의 예시문항은 다음과 같다.

1. 지원 동기와 진로에 대해 말해보세요.
2. 자신의 장래 목표를 말해보세요.
3. 입사나 진학을 위해 무엇을 어떻게 준비해왔는지 말해보세요.
4. 지원자가 3040대가 되었을 때 어떤 활동을 하고 있을지 말해보세요.
5. 자신의 장점과 단점은 무엇이라고 생각합니까?
6. 친구나 동료가 폭행을 당했을 때 어떻게 할 것입니까?
7. 외국어는 몇 개나 말할 수 있습니까?

8. 가장 존경하는 사람은 누구이며, 이유는 왜입니까?

9. 그동안 가장 감명 깊었던 영화나 책은 무엇입니까?

10. 한국사회의 가장 큰 문제점은 무엇이며, 그 해결책은 무엇일까요?

이처럼 면접은 자신의 풍요로운 사고력과 판단능력을 토론해 보는 것이다. 자유롭게 자기 자신의 생각과 의견을 간단하고 명확하게 표현할 줄 알아야 한다.

다음은 회사면접에서 질문가능성이 있는 시사이슈이다.

1. 최근 청년실업문제를 어떻게 생각하며, 청년실업 문제의 해결책은 무엇이라고 생각합니까?

2. 사드배치문제에 찬성합니까. 반대합니까?

3. 중국과의 무역마찰의 해결 방법은 무엇이라고 생각합니까?

4. 남북문제의 해결 방법은 무엇이라고 생각합니까?

5. 중소기업을 살리는 해결 방법은 무엇이라고 생각합니까?

6. 대한민국이 선진국이 되려면 어떻게 해야 할까요?

이러한 시사 문제들은 매일 신문을 읽고 연습을 해야 질문에 막힘없이 대답할 수가 있다.

시간의 사용법

가장 급한 일과 가장 중요한 일의 우선순위를 구별하여 시간을 사용하면, 많은 시간이 절약되고 생활에 여유가 생기고 삶을 풍부하게 보낼 수 있다. 성공한 사람들은 시간 관리를 철저히 잘한다.

모든 일의 중요성과 긴급성을 구별하여 바로 바로 처리하는 능력을 길러야 한다. 항상 일을 미루는 사람은 항상 쫓기는 상황에서만 일을 처리하므로 밤샘을 하면서 소홀히 일을 하니 재충전 할 시간도 없으니 스트레스와 피로에 중독된다.

계획을 세우고도 실행하지 않는 게으른 사람은 남의 뒤만 따라 다니고 남들만 즐겁게 하고 절제하지 못하고 시간을 낭비하고 돈을 과소비한다. 부지런한 사람은 계획대로 일과 운동을 하고 정리를 잘 하여 균형 잡힌 규칙적인 생활과 삶을 살아간다. 시간낭비는 휴식도 발전도 아무 것도 만들어내지 못한다.

가장 중요한 것은 현재이고, 삶의 중심에서 봐야 한다.

덩샤오핑鄧小平은 1989년 4월 톈안먼사건을 계기로 개혁과 개방정책을 추진하여 중국을 발전시켰다. 시진핑習近平은 2012년 중국 총서기가 된 후, 1993년 한·중 수교 이후 양국의 우호 발전에 노력하였다. 그러나 2017년 사드배치 문제로 13억 중국인들의 한국단체관광이 금지되었고 자동차, 화장품 등의 중국 수출이 안 되어 경기가 안 좋다.

깃 발

이것은 소리 없는 아우성
저 푸른 해원海原을 향하여 흔드는
영원永遠한 노스텔지어의 손수건
순정純情은 물결같이 바람에 나부끼고
오로지 맑고 곧은 이념理念의 푯대 끝에
애수哀愁는 백로白鷺 처럼 날개를 펴다.
아아 누구던가 이렇게 슬프고도 애닮은 마음을
맨 처음 공중空中에 달 줄을 안 그는.

* 청마 유치환의 '깃발'이라는 시는 1936에 『조선문단』에 실렸으며,
  청춘의 간절한 열정을 '깃발'처럼 휘날리면서 청춘시절의 힘겹고
  애달픈 존재를 인식하는 향수를 노래한 시詩이다.
  여러 번 읽고 음미해보면 삶에 힘이 된다.

칭기즈 칸의 리더십

세계 역사상 가장 크고 강한 몽고제국을 세운 칭기즈 칸(칭기즈는 굳세고 크다는 뜻이고 칸은 왕이다는 뜻이다.)은 9살 때 아버지를 잃고 비참한 환경 속에서도 좌절하지 않고 큰 꿈을 키워서 몽고민족을 통일한 사람이다. 그가 남긴 편지를 읽어보면, 용기를 얻을 수 있을 것이다.

집안이 나쁘다고 탓하지 말라.
나는 아홉 살에 아버지를 잃고 마을에서 쫓겨났다.

가난하다고 말하지 말라.
들쥐를 잡아먹으며 연명했고, 내가 살던 땅에는 시든 나무만 있다.

작은 나라에서 태어났다고 말하지 말라.
세계를 정복하는 데 동원한 몽골의 병사는 겨우 적의 100분의1에 불과했다.

배운 게 없다고, 힘이 없다고 탓하지 말라.
나는 내 이름도 쓸 줄 몰랐으나 남의 말에 귀 기울이면서 현명해지는 법을 배웠다.

너무 막막하다고, 그래서 포기해야겠다고 말하지 말라.

나는 목에 칼을 쓰고도 탈출했고, 뺨에 화살을 맞고 죽었다 살아나기도 했다.

목숨을 건 전쟁이 내 직업이었고 내 일이었다.

적은 밖에 있는 것이 아니라 내 안에 있었다.

나는 내게 거추장스러운 것은 깡그리 쓸어 버렸다.

나를 극복하는 그 순간 나는 칭기즈 칸이 되었다.

건강할 때 뛰면서 마음과 의지는 강하게 살아야 한다.

세상을 살아가기 위해서는 지혜로운 능력을 갖춘 칭기즈 칸 같은 강인한 정신력이 필요하다.

인생이 무엇인지 알게 되었을 때에는
이미 절반이 지나간 것이 바로 인생이다.　　-프랑스 속담

자신감은 성공을 위한 첫걸음이고,
자신감의 부족은 실패의 원인이다.　　-세익스피어

젊은이여! 독립하라!

윌리엄 클라크는 "소년들이여, 야망을 가져라."라고 말했다.

세상을 살아가기 위해서는 지혜로운 능력을 갖춘 강인한 정신력이 필요하다. 그러나 감정적으로 치우치기 쉬운 젊은 시절에는 의도적으로라도 지성적으로 행동하려고 노력해야 한다.

특히, 젊은이는 경험이 부족하므로 교양과 지식, 인내와 극기, 지혜와 용기를 겸비하도록 노력해야 한다.

교양 없고 품위 없는 사람처럼 행동하지 말고 말을 바르게 사용하자.

젊은 시절에 지식을 쌓고, 인격을 형성하는데 게을리하면, 무능한 사람이 된다.

세상에 확실하게 믿고 의지할 수 있는 것은 오직 자신의 능력이다.

열정과 도전정신은 청춘의 힘이자 특권이다.

자기가 하고 싶은 일에 열중하면서 즐겁게 매일 최선을 다해야 한다.

점점 좋아지고 발전하리라 믿고 인정하고 당차게 노력하면 뭐든지 성취된다는 사실을 믿자. 꿈과 희망이 없다면 젊은 청춘이 아니다.

어려움은 경험이 되고 깨달음의 기회가 된다. 청춘시대에는 후회 없는 내일을 위해 뛰어야 하고, 어려운 환경과 싸우면서 성장하고 발전하는 것이다.

워런 버핏

세계 최고의 부자인 워런 버핏(78)은 하루에 6시간 정도 독서를 하고, 하루에 18시간 정도 일을 한다고 한다. 버핏은 세상을 넓게 멀리보고 긍정적인 생활습관으로 자신이 하는 일을 사랑하고 최선을 다하면 부자가 될 수 있다고 말한다.

그는 "유행을 따르지 말고 자신의 상식과 지식으로 판단하고 행동하면서, 도서관에서 책을 충분히 많이 읽으라"고 말한다.

그는 또한 세상에 어느 것도 끈기를 대신할 수 없고, 재능도 끈기를 대신 할 수 없다고도 말했다.

재능을 지녔음에도 불구하고 성공하지 못하는 경우가 비일비재 하듯이, 천재도 끈기를 대신할 수는 없다. 세상은 교육받은 낙오자들로 가득 차 있다.

"끈기와 결단력만 있으면 못 할 일이 없다. 검소해야 하고, 빚을 갖는 것은 미친 짓이다. 돈을 모아 투자하고, 그 수익을 재투자하는 장기투자를 실천해야 진정한 부자가 될 수 있다."

중요한 것은 지금, 바로 이 순간의 치밀한 결정이다.

이병철·정주영·신격호

삼성그룹 창업자인 호암 이병철 회장은 1910년 경남 의령에서 태어나 일본 와세다 대학에 유학한 후, 1936년 26세에 정미공장과 운수사업을 시작한 후, 1938년 삼성상회를 설립하여 청과류와 어물을 중국에 수출하고, 1942년 조선양조를 인수하고, 1953년 제일제당에서 설탕을 만들었고, 제일모직을 만들었고, 신세계백화점, 삼성전자 등으로 국가발전에 크게 이바지하였다. 지금은 삼성의 핸드폰과 반도체가 세계 1위로 한국의 자랑이다.

호암은 시대의 움직임을 예리하게 통찰하고, 욕심을 억제하고 자신의 능력과 한계를 지키고, 근면성실하였다. 투기는 절대로 피하고 직관력을 연마하고, 치밀한 정보로 미리 대책을 세우고 대세가 기울면 과감하게 청산했다. "최선의 길을 찾아야 한다."는 좌우명을 가지고 살았으며, "정상에 올랐을 때 변신을 모색하라."고 주장하였다.

현대그룹 창업자인 아산 정주영 회장은 1915년 강원도 통천에서 가난한 농부의 아들로 태어났지만, "신뢰만 있으면 만사형통 할 수 있다."면서 신용을 중시하고. 진취적인 뚝심과 열정, 불굴의 개척정신과 창의적인 노력으로 한국의 경제와 문화의 발전에 크게 기여하였다.

"니가 해봤어, 그럼 해봐"라는 식의 도전정신은 어떠한 시련과 난관에도 이루어내는 집념을 가진 그는 누구도 감히 따라가기 힘든 불도저 정신으로 대통령에도 출마하였다.

롯데그룹 신격호 회장은 1921년 울산 울주군에서 태어나서 1940년 일본 와세다 대학에 유학한 후, 1948년 일본에서 롯데회사를 설립하여 풍선껌 유통사업을 하여 1980년대에는 일본 제일의 재벌로 성공하였다. 또한 그는 홀, 짝수 달에 한국과 일본을 오가며 92세까지 총괄회장으로 근무하는 노익장의 부지런함과 성실함을 과시하였다.

1966년 한국에 진출하여 롯데제과, 롯데건설, 롯데호텔, 롯데백화점 등으로 국내 5위 재벌 그룹이 되었다.

2017년 4월 3일 개장한 롯데월드타워는 125층에 555미터로 한국의 자랑이다. 2017년에 삼성반도체가 1년에 60조원의 매출로 인텔을 제치고 세계1위가 되었다. 현대자동차는 1년에 900만대를 생산하여 도요타 1,000만대 생산을 뒤쫓고 있는 사실을 생각하면 힘이 난다.

근면 성실한 한국인들 참으로 대단하다!

오늘의 하루는 내일의 두배의 가치가 있다.

-벤자민 프랭크린

돈의 힘

로버트 기요사키, 샤론 레흐트는 『부자아빠, 가난한 아빠Rich Dad poor pad』에서, '부모의 교육이야말로 성공의 초석이지만, 학문적 지식처럼 돈에 관한 지식과 의사소통 기술도 아주 중요하다.'라고 말하면서, 부자들에게서 배워야 할 6가지 교훈을 제시하고 있다.

그 교훈은 다음과 같다.

첫 번째 교훈: 부자들은 절대 돈을 위해 일하지 않는다.
두 번째 교훈: 부자들은 자녀들에게 돈에 관한 지식을 가르친다.
세 번째 교훈: 부자들은 남을 위해 일하지 않고,
            자신을 위해 사업을 한다.
네 번째 교훈: 부자들은 세금의 원리와 기업의 힘을 안다.
다섯 번째 교훈: 부자들은 돈을 만든다.
여섯 번째 교훈: 부자들은 배움을 위해 일한다.

"부자가 되고 싶으면 머리로 돈을 움직여서 돈을 버는 법을 배워야 한다."

"돈으로 모든 일을 할 수는 없다." 부모의 교육도 중요하지만, 자기 자신이 과감한 생각을 가지고, 직원이면서 동시에 회사를 경영할 수 있는 아이디어가 필요하다. 투잡Two Job 정신이 중요하다.

누구에게도 시간과 돈, 성공의 기회는 왔다가 간다.
부자들과 가난한 사람들의 차이점은 생각의 차이다.

부자들은 투자를 해서 번 돈의 일부로 사치를 하는데, 가난한 사람들은 충동적으로 신용카드나 빚으로 부자인 것처럼 비싼 차를 사고, 큰 집을 사고, 보석을 사고, 모피 옷을 구입하여 점점 더 가난해지는 나쁜 습관으로 어리석음을 범한다.

로버트 프로스트(1916년)의 시詩, '가지 않는 길'을 읽으면서, 우리 인생에서 선택의 중요함을 다시 한 번 음미해 볼 수 있을 것이다.

66

말보다는 행동이 중요하다.
Actions speak louder than words.

괴로움을 이기면 기쁨이 있다.
Every cloud has a silver lining

99

가지 않는 길

단풍 든 숲 속에 두 갈래 길이 있었습니다.
몸이 하나니 두 길을 가지 못하는 것을
안타까워하며, 한참을 서서
낮은 수풀로 꺾여 내려가는 한쪽 길을
멀리 끝까지 바라보았습니다.
그리고 다른 길을 택했습니다, 똑같이 아름답고,
아마 더 걸어야 될 길이라 생각했지요.
풀이 무성하고 발길을 부르는 듯 했으니까요
그 길도 걷다 보면 지나간 자취가
두 길을 거의 같도록 하겠지만요.
그 날 아침 두 길은 똑같이 놓여 있었고
낙엽 위로는 아무런 발자국도 없었습니다.
아, 나는 한쪽 길은 훗날을 위해 남겨 놓았습니다.
길이란 이어져 있어 계속 가야만 한다는 걸 알기에
다시 돌아올 수 없을 거라 여기면서
오랜 세월이 지난 후 어디에선가
나는 한숨지으며 이야기할 것입니다.
숲 속에 두 갈래 길이 있었고, 나는

사람들이 적게 간 길을 택했다고.

그리고 그것이 내 모든 것을 바꾸어 놓았다고.

부자들이 가는 길은 로버트 프로스트가 시詩에서 말하
는 '가지 않는 길'과 같다.

"머리를 사용하라." 부자가 되는 방법은 너무나 간단하고 아주
쉽다.

너무 사소한 것에 목숨을 걸지 마라. 그러나 진정으로
중요한 부분에서는 남보다 치밀하고 성실해야 성공할
수 있다.

부자들이 가는 길과 가난한 사람들이 가는 길은 정반
대로 너무나 다르다.

추풍낙엽秋風落葉이 되지 않도록 청춘의 힘을 길러야 한다.

"최고의 지혜知慧는 친절이다."

-탈무드

청춘의 삶과 멋

사람은 누구나 장래의 꿈과 희망을 가지고, 기쁨과 슬픔, 성공과 좌절의 희로애락을 느끼면서 오늘을 산다.

청춘의 삶과 멋은?

아무리 힘들어도 좌절하지 말고 과감히 새로운 세계를 향해 적극적으로 덤벼드는 데 있다.. 괴로워도 포기하지 않고 이겨내는 것이 청춘의 멋이다.

사람은 누구나 아픔과 기쁨을 겪으면서 성장하고, 성공을 통해 달성감과 행복을 느끼게 된다.

중요한 것은 오늘, 지금 어떻게 생각하고 행동하느냐에 따라서 인생의 성패가 결정된다는 것이다.

마르셀 프루스트의『잃어버린 시간을 찾아서』또는, 괴테의『젊은 베르테르의 슬픔』을 읽으면서 자신의 생활과 슬픔과 괴로움을 승화시키고, 자신감으로 삶의 여유를 가져 보는 것도 좋을 것 같다.

1825년 러시아의 알렉산데르 푸슈킨의 시詩 '삶이 그대를 속일지라도'를 읽고 암송해 보면, 인생의 삶에 도움이 될 것이다.

삶이 그대를 속일지라도

알렉산데르 푸슈킨

삶이 그대를 속일지라도
슬퍼하거나 노여워하지 말라.
슬픔을 참고 일어서면,
기쁨의 날이 찾아 올거야.
마음은 항상 미래를 지향하라.
현재는 한 없이 우울한 것처럼,
하염없이 사라지는 모든 것들은
지나간 것은 그리움으로 남는다.

러시아의 유명한 시인 알렉산데르 푸슈킨의 시詩 '삶이 그대를 속일
지라도'를 읽어보면, 청춘시절과 인생의 삶에 있어서 많은 것을 반성하
고 생각하게 해준다.

이제는 쫄지 말고 세상에 필요한 사람이 되도록 지금, 오늘, 현재 최
선을 다해 힘을 길러서 한 세상 멋있게 즐겁게 행복하게 후회 없는 인
생을 살다 가야 하지 않겠는가? 젊은 그대여! 정신 좀 차리자.

청년실업률과 대졸취업률

2016년 대졸 취업률은 50% 정도이며, 한국의 청년실업률(15~29세)은 12%로 39만 7000명이라고 통계청이 발표했지만, 취업을 희망하고 찾고 있는 70만 명과 아르바이트생 10만 명을 합하면, 실제 청년의 체감실업률은 20% 이상이며, 취업준비생, 포기자, 대학원 진학 등을 포함하면, 실업자인 청년 백수는 사실상 100~150만 명 정도라 하니 정말로 심각한 사상 최악의 취업 한파이며 참으로 안타깝고 서글픈 통탄할 일이다.

고용노동부와 한국 고용정보원이 2015년 12월 15일 발표한 "2014~2024년 대학 전공별 인력수급 전망"에 의하면, 일반대학 졸업자 32만 명과 전문대학 졸업자 47만 명 등, 10년 동안에 총합계 79만 명이 취업을 못할 수도 있다는 통계를 발표하여 사회가 술렁이고 있지만, 또 한편으로는 인구절벽으로 2020년부터는 취업이 훨씬 더 쉬워질 것으로 예상하고 있다.

앞으로 10년 동안은 공학계열과 의약계열은 수만 명이 부족한 초과수요가 발생하지만, 인문계열, 사회계열, 사범계열, 예체능계열 등은 수만 명이 남아도는 초과공급이 예상되고 있다.

매년 대학졸업자 38만 명이 절반도 취업을 못해 대졸 실업률이 40~50%로 심각한 사회문제가 되고 있어 정부의 대책이 정말 참으로 시급하다.

최근 10년 사이에 대학졸업자가 매년 40만 명이니 400만 명인데, 취업률은 절반정도이니 약 200만 명 정도가 사실은 집에서 놀면서 밥만 먹고 취업준비만 하고 있는 실정이다. 아, 비통하다!

그런데 대학들은 이제 와서야 구조조정에 정신없고 매년 3만 명씩 정원 줄이기에 정신없다. 2018년부터는 대학 정원 40만 명 보다 적은 30만 명 정도가 대학 진학을 하게 되는 심각한 학령인구절벽 현상이 되어 대학이 위기로 걱정된다. 오호 ~ 애재라!

최근, 한국의 대학은 취업률이 50% 정도로 심각하여, 교육부는 대학 정원을 매년 3만 명씩 5년 동안에 16만여 명을 줄이는 강도 높은 구조조정에 들어갔다.

우리 젊은이들에게 꿈과 희망을 주는 특단의 대책은 정말 없는 것인가? 오호 ~ 통재라!

이웃 나라 일본은 청년 실업률이 5%이며, 2016년 대졸 취업률은 99%로 사실상 모두 취업하며, 여기저기 골라서 간다고 한다. 일본의 중소기업이나 증권사에서는 인력이 부족하여 한국인을 채용하고 있는 실정이다.

우리 사회가 보고 배우고, 참고할 점이 많은 것 같다.

대학이 살아야 한다

대학大學이 살아야 대한민국大韓民國이 산다. 21세기는 대학도 사회도 달라져야 한다.

학문의 연구와 인재 양성의 요람인 대학이 국제 경쟁력을 갖추지 못한다면 약육강식弱肉強食의 국제 경쟁 사회에서 대한민국은 살아남을 수가 없다. 대학이 공동체 의식을 가지고 살아나야 나라가 살 수 있다.

우리 대학들이 편협한 사고방식으로 무사안일無事安逸의 집단이기주의에 빠지고 혁신을 게을리 하여 책임을 회피하고, 가치혼란으로 스스로 무덤을 판다면 국가는 위기에 처한다.

자기혁신自己革新으로 면학풍토를 조성하여 국가의 경쟁력을 살리자.

4차 산업혁명시대의 자율주행차, 수소차, 로보트……

지금 한국의 대학이 위험하고, 경영정상화, 취업대책이 정말로 시급하다. 소모적인 논쟁보다는 투명한 구조조정으로 국제 경쟁력을 갖춘 자성하는 대학이 되어 국가의 미래와 장래를 생각하는 믿음직한 대학으로 거듭나야 IMF 같은 국가 위기를 극복할 수 있을 것이다.

우리 대학이 앞장서서 연구하고 나라의 활로를 찾고, 개혁의 원동력이 되어야 할 것이다.

청춘의 도전정신

나 자신을 믿고 과감하게 행동해야 한다.
세상世上은 종이 한 장, 1초, 1분, 1점의 차이다.

10~30대에 흙수저는 고달프지만, 식당서빙, 주유소 알바, 배달 등으로 생활비를 벌기 위해 위험한 알바를 계속하면서 공부를 한다는 것은 대단한 경험이고 장래 CEO의 밑천이 되는 것이다.

1030세대가 알바로 등록금과 생활비를 벌면서 공부하고, 자신의 스펙을 쌓는다는 것은 결코 그렇게 쉬운 일이 아니다.

공부하기 위해 공사판에서 일하면서 해외연수나 유학을 하는 젊은이도 많다. 비록 힘든 경험이지만, 젊어서 쌓은 이런 도전의 경험들은 훗날 내 성공에 분명 기여하는 바가 클 것이다.

최근에 10~30대의 젊은이들이 취업과 진학 걱정으로 스트레스를 받아 기본 공부도 포기하고, 스스로를 위해 투자하기를 포기하고 니트족이 되는 젊은이도 있으니 너무나 안타깝고 불쌍해서 눈물이 난다.

"당당히 나도 한번 해보자."라는 다짐과 용기, 결심을 해야 청춘시대의 꿈이 이루어진다.

"성공의 비결은 자신의 담대한 꿈과 행동에 있다."는 사실을 항상 기억해야 한다.

생활이 힘들어도 웃으면서 가슴에 묻고, 자신을 키우는 꿈이 행복한 삶이고, 희망이고 목표이다.

"기죽지 말고 살아라." 자신감을 가지고 힘내라" 자기 자신에게 격려하면서, 열정으로 책임감을 가지고 배려하면서 세상에 베푸는 삶을 살다보면 인생은 더욱더 풍부하고 행복하게 되는 것이다.

부모님 덕택에 물러 받은 유산으로 일하지 않고 놀면서 무위도식으로 지내는 게으른 젊은이는 오히려 자기 손으로 이루어낸 것이라고는 한 줌도 없는 것이니 그야말로 별 볼일 없는 비참하고 초라한 인생에 불과하다.

2030에 능력을 갖추어서 자신과 가족을 든든하고 행복하게 지켜줄 수 있는 멋있는 아들, 딸이 되자. 지금 이순간이 힘들고 괴로워도 웃으면서 극복하고, 감사하는 마음으로 인생을 살자.

1030 꿈이 있으면, 희망도 생긴다. 일어서 보자!

맨땅에 해딩도 하면서 뛰어보자!

大器晩成 대기만성
(큰 그릇은 천천히 완성된다)

少年易老 소년이로, 一寸光陰 일촌광음
(소년은 늙기 쉽고, 세월은 빠르다)

내 인생의 주인이 되자

"누구의 소유물이 되거나, 누구의 제2인자가 되고,
세계 어느 나라의 하인이나, 도구가 되기에는
나는 너무나 고귀하게 태어났다."

-세익스피어의 『존왕』 중에서

한 번 뿐인 나의 인생, 내 삶의 주인이 되자.

자신과 대화하는 일기를 쓰고, 자신의 경쟁력, 힘을 기르자.

무작정 유행에 따르지 말고, 자기 주관을 가지고 살아야 한다.

자신감 없이 남의 눈을 의식하느라 스트레스에 시달리다 보면 성공의 가능성도 희박해진다. 그렇게 보면 학생복이나 회사의 유니폼은 장점이 많은 것도 같다.

정신적으로 활기차고 건강해야 풍요로운 삶과 품격 있는 인생을 보낼 수 있고, 젊어서 노력해야 행복한 생활을 할 수 있다.

자기가 좋아하는 일, 잘하는 일을 열심히 하다 보면 즐거움과 자부심이 생긴다. 내 인생의 주인이 되자!

절대 기죽고, 주눅 들지 말고, 쫄지도 말고, 자기 할 일을 열심히 하면 된다. 프로정신이 필요하다.

인생의 힌트

톨스토이가 80세에 완성한 마지막 책으로, 『살아갈 날들을 위한 공부』라는 책을 펴냈다. 책의 서문에서 "생의 마지막 날에 이르러, 그동안 진정한 삶을 살지 못했다고 후회하고 깨닫지 않기를 바라면서, 인류에 대한 나의 가장 큰 사랑의 표현이다."라고 말하고 있다.

레프 톨스토이는 자신의 생애 전반을 통해서 얻고, 깨달은 삶의 지혜와 감동을 자신의 사상과 철학에 담아 주옥같은 글로 표현하면서, "인생을 어떻게 살 것인가?"에 대한 삶의 교훈과 방법을 가르쳐주고 있는 보기 드문 좋은 책이다.

이 책의 내용은 인생, 삶, 사랑, 죽음, 학문, 종교, 신, 행복, 말, 행동, 진리, 거짓, 고통, 분노, 오만, 선택, 길, 시간, 노력, 꿈, 결혼……등을 176개의 주제로 표현하고 있다.

그는 책에서, "공부는 더 나은 삶을 살기 위해서 하는 것이다. 당신에게 가장 중요한 때는 현재이며, 가장 중요한 일은 지금하고 있는 일이며, 가장 중요한 사람은 지금 만나고 있는 사람이다."라고 표현하면서 지금 이 순간을 소중히 하라고 말한다. 도서관에서 빌려서라도 읽어보길 바란다.

'삶과 죽음'에서는, "일 할 때는 영원히 살 것처럼 하고, 남을 대할 때는 오늘 밤에 죽을 것처럼 하라. 사람이 과식, 나태, 정욕, 분노, 오만과의 투쟁에서 이겨내고, 용서하는 것이 인간이 할 수 있는 최고의 행동이다."라는 명언을 남기고 있다.

'과거나 미래의 일은 없다.'에서는, "우리는 과거를 괴로워하면서, 현재에 불충실함으로써 미래까지 망친다. 과거는 지나갔고, 미래는 아직 오지 않았고, 있는 것은 현재 뿐이다."라고 말하고, '매일 매일의 현명한 생각'에서는, "삶을 삶답게 만들기 위해 끊임없이 정성을 다하고, 마음을 다하는 것처럼 아름다운 것은 없다.

대접받고 싶은 대로 행동하라. 다른 사람을 존중하라. 그러면 다른 사람들도 똑같이 존중해 줄 것이다. 사랑에는 시간이 없다. 사랑은 오직 현재, 바로 지금 시시각각으로 나타나고 있을 뿐이다. 고통과 실패가 없다면, 기쁨, 행복, 성공을 무엇과 비교 할 것인가?" 와 같은 말들을 남겼다. 그의 격언은 우리의 마음을 편안하게 해주고, 갈등과 고단한 세상살이를 극복하고 세상에서 살아갈 용기와 희망과 꿈을 주는 메시지들로 가득하다. 서둘러 읽어보길 권한다.

오늘도 우리는 남에게 휘둘리지 않고 내가 살아갈 존재의 이유가 있는 것이다.

자신을 위해, 가족을 위해, 내일을 위해 밤을 새워 반성하면서 힘을 내면 된다. 절대 두려워하거나 낙심하지 말고, 똑같은 실패를 되풀이하지 않으면 되는 것이다.

항상 즐겁게 웃으면서 행복하게 살아가면 그것이 바로 인생의 성공이다.

청춘의 힘은 독서이다

한국 성인은 1년에 평균적으로 13권의 책을 읽고 있다고 하니 너무나 안타까울 따름이다.

성공한 사람들은 모두 독서광이었다.

요즘도 시, 소설, 에세이, 자기계발, 외국어 등의 책이 인기가 있지만 모름지기 책은 골고루 읽어야 한다.

젊은이들이 돈보다는 지식과 교양을 중시하는 선진국의 의식을 배우고 익혀야 한다. 1년에 100권의 책을 읽자!

책 속에 길이 있다. 러시아의 대문호 톨스토이는 "참된 학문學問은 학교에 있지 않고 책册 속에 있다. 책과 실생활 속에서 여러 가지 지식을 획득하려는 학생 자신의 독자적인 노력 속에 있다."라고 우리에게 말하고 있다.

톨스토이가 자신의 고난 많았던 인생을 녹여내 써낸 작품에는 『습격』, 『유년시절』, 『소년시절』, 『결혼과 행복』, 『전쟁과 평화』, 『부활』 등의 유명한 책이 많이 있으니 일독하길 바란다.

신경숙은 『엄마를 부탁해』를 구상하고 자료를 모으고, 고민하고 글을 쓰고 탈고 하는데 까지 20여 년이 걸렸다고 한다.

어머니의 사랑과 헌신, 자식들의 무심함 때문에 고독하고 외로운 엄마의 모습을 잘 묘사한 작품이다.

김정현의 『아버지』라는 작품도 아버지는 사회와 가정 속에서 가장 중요한 존재지만, 항상 고독하고 외롭게 살아가면서도 가족에 대한 따뜻한 마음과 아름다운 사랑은 끝이 없다는 내용으로 깊은 감명을 주는 책이니 일독을 권하고 싶다.

혜민 스님의 『멈추면 비로소 보이는 것들』이나 『완벽하지 않는 것들에 대한 사랑』은 불완전한 사회생활 속에서 따뜻한 격려의 한마디로 힘이 되는 보기 드문 책이니 『청춘시대』를 읽은 후에 일독을 권한다.

할 수 있다고 생각하면, 당신도 할 수 있다.
(If you think you can.)

꾸준한 노력이 성공을 위한 최선의 방법이다.
(Making steady efforts is the best way to succeed.)

한국과 일본의 독서력

한국 초등학생의 연간 독서량은 52권인데, 일본 초등학생은 92권이라 한다.

일본은 1997년부터 등교 후, 10분간 책을 읽게 하는 '아침 독서운동'이 초등학생의 독서열과 독서습관에 큰 영향을 주었다 한다.

어제의 일은 오늘과 무관하지 않으며 오늘 어떻게 하느냐에 따라 내일도 바뀐다.

초, 중, 고, 대의 학창 시절에는 많은 시를 외우고 소설책을 많이 읽어야 발전한다.

독서를 권장한 안중근 의사는 "하루라도 책을 읽지 않으면, 입안에 가시가 돋는다."

즉, "일일부독서 구중생형극日日不讀書 口中生荊棘"라고 말했다.

독서를 즐기는 사람은 몸도 마음도, 건강하고 편안하여 즐겁고 행복하다. 21세기 정보화 시대에 책속에서 많이 배워야 남보다 한 걸음 앞설 수 있다.

운동선수들이 반복연습을 해야 잘 할 수 있듯이 독서도 반복해서 되풀이 하면 쉽고 재미있다.

책은 인생의 스승이다.

눈 좋고 기억력 좋을 때, 책을 많이 읽어야 아는 것이 많고 똑똑해진다. 독서광들은 하루에 수십 권의 책을 읽어 독서량이 수만 권에 이른다.

"책은 자신과의 대화이다." 독서의 습관이 공부하는 습관으로 되면, 독서가 즐겁고 공부도 재밌고 능률이 오른다. NAVER에서 '지식인의 서재'를 찾으면 좋은 책들이 많이 소개되어 있다.

자신의 미래는 지금 자신의 태도에 달려 있다는 것을 명심하고, 행동해야 한다.

사람은 20대 초반까지 성장하므로 눈도 시력이 멈추는 시기에 검사한 후에 라식, 라섹 등의 시력조정수술을 해야 한다.

눈은 책보다는 어두운 곳에서 스마트폰으로 보는 것이 최악의 영향을 준다.

여행을 떠나라! 백문불여일견 百聞不如一見

백번 듣는 것보다 한 번 보는 것이 낫습니다.
"힘들면, 여행을 떠나라!"라는 말처럼,
집 나가면 고생이지만, 보고 배우게 됩니다.
올바른 마음으로 부지런히 배우고 타인을 배려하면서
부모님께 효도하면서 즐겁게 인생을 살기 위해 배워야 합니다.

한국청년의 아픔

2016년 4월 정부의 발표에 의하면, 최근 15세부터 29세의 청년실업자는 107만 명으로 12% 실업률이지만, 실제 체감실업률은 20~30%로 200만 명에 육박하여, 한 집에 1명씩 청년실업자가 있을 정도라니 정말 걱정된다. 청년취업문제!

비록 세계적인 현상이라고는 하지만, 취업과 결혼, 출산까지 포기한 N포 세대 젊은이가 많은 실정이니 걱정된다.

1998년 IMF의 경제위기 이후 경기가 침체 되고, 저성장, 정년 60세 연장, 해외공장이전, 수출약화, 내수부진과 저 출산, 제조업의 과잉생산 등으로 청년들의 취업 기회가 줄고 있다.

청년이 흔들리니 모두가 균형을 잃어 사회 발전을 저해하고 경제위기의 심각한 사회문제가 되고 있다.

약 500조원의 빚을 지고 있는 공기업이 인력을 더 많이 채용하리라 기대하기도 어렵다.

약 5,000조원의 빚을 안고 있고, 매년 100조 원 이상 빚이 늘어나는 대한민국의 정부와 회사가 개인의 취업까지 신경 쓸 여유가 사실 없는 것이다.

현재 국민 1인당 1억 원의 빚을 안고 있으니 일본이나 미국처럼 금리이자를 계속 내릴 수도 없는 실정이니 창업도 힘들다.

선진국들은 기술력이 우수해서 무섭다. 세계로 수출되니 경쟁하기 쉽지 않지만 우리도 기술을 개발하는 수밖에 다른 방법은 없다.

일본처럼 무인 스텔스기를 만들고, 무인 비행기에 무인 자동차를 우리도 빨리 만들어야 경쟁이 되는 것이다.

세계화 국제화 시대에 무시무시한 핵무기, 사드, MD, 스텔스기의 개발에 미국과 일본과 중국은 무서운 속도로 지금도 발전하고 있다.

세계 최고가 아니면 살아남기 힘든 시장경쟁 속에서 자본주의는 양육강식의 시대이다.

인격의 빈곤에서 온 삶의 붕괴까지 인류세계가 고통을 겪고 있다.

지구촌 모두가 몸살을 앓고 있는 것도 집단주의 속에서 세대 간의 이해의 부족에서 온 것도 많고, 젊은이들과 어른들의 소통부족에서 온 문제점도 너무나 많다. 촌철살인寸鐵殺人의 정신이 필요한 시기이다.

우리 젊은이들이 취업해서 열심히 일해야 신바람 나는 대한민국이 될 수 있을 텐데, 헬조선, 지옥이 되지 않도록 정부와 기업은 서둘러 대책을 마련해야 할 것이다.

한·중·일 3국의 청년들에게

중국은 35년간 유지해오던 1자녀 정책을 폐지하고 고령화 해결과 경제 활력을 위해 2자녀 인구정책을 2015년 10월 29일 공산당 중앙위원회에서 결정했다.

삶에 절망한 청년들에게 희망을 주는 것은 취업과 결혼, 주거문제와 행복한 가정에 있다. 취업과 진학의 고통 속에서 암울한 미래의 자학적 패배주의에 빠져드는 한·중·일 3국의 희망 없는 청년세대가 불쌍하다. 청년에게 위로와 격려가 필요한 시대이다.

중국의 청년들은 그나마 한일 청년들보다는 사정이 낫다. 중국은 매년 5~6%이상 성장하기 때문에 삶의 열정이 뜨겁지만, 일본에 이어 한국도 이제 2% 성장 시대가 되어 저출산, 고령화, 침체 경기에 불안이 커지고 있다.

일본은 과거 20년의 잃어버린 세월이란 1% 성장 때문에 침체되어있으나 전통적으로 제조기술이 강하다는 장점이 있다.

동북아의 균형을 위해 한·중·일 3국이 국가이기주의보다는 상호기술협력을 하고, 3국의 청년들이 서로가 교류하는, 희망과 인내심이 필요한 때이다.

한중일 3국이 국수주의로 심각한 갈등을 겪고 있지만, 젊은이들이 좌절을 딛고 각자의 능력과 자질을 살려 서로 협력하고 보완해야 함께 성공 할 수 있다.

젊은 청춘들이여!

운명 속에서 더 이상 헤매지 말고, 운녕 속에서
내 갈 길을 찾아 다시 시작하자!
젊음과 자신감을 가지고 살자.
희망과 용기로 사랑과 행복을 찾자.
헤매는 젊음이 행운의 길을 잃은 것은 아니다.
젊은이여, 나의 시간과 운명의 길을 찾자.
살아있는 오늘, 지금, 현재 최선을 다해라!
아쉬움과 그리움을 갖고 젊음을 위하여 자신의 힘을 믿고
약해지지 말고 일어서서 후회 없이 행동하자!
좋은 생각은 좋은 사람이 하는 것이다.

청소년 시절에 치열하게 힘차게 끈기 있게 도전 하지 않으면
뜻을 이룰 수 없습니다.

자신을 소중히 하라

청년시절에 나 자신의 소중함을 알고, 어렵고 힘들어도 주어진 환경을 극복하고, 당당하게 내일의 행복한 삶을 향해 앞으로 나아가야 한다. 자신의 소중함을 알라.

아무리 어려운 상황에서도 감정感情을 통제하고 이성理性의 지혜로 분노를 참아야 한다.

세상에 근심걱정이나 결점이 없는 완벽한 사람은 없다.

능력이 좀 부족하고 돈이 없어도 문제를 해결하는 힘인 지식과 올바른 능력인 지혜를 갖추면 훗날 성공할 수 있다.

청년 시절에는 꿈과 희망을 가지고 배가 거센 파도를 헤치면서 항해하듯이, 절대로 도중에 포기하지 말고 세상을 여행하듯이 힘차게 살아가야 한다.

니체는 "나를 죽이지 못한 것은 나를 더 강하게 만든다."고 말했다. 행복한 삶에 대한 희망과 믿음을 가지고 살아야 강한 사람이 될 수 있다. 좋은 사람이 좋은 일을 많이 한다.

젊은이답게 꿈과 열정으로 자신감과 용기를 가져라.

자신의 목표를 향해가면서, 자신을 항상 격려하고 소중히 해야 더욱 발전할 수 있다.

인생을 돌아보는 "가을날"

"주여 때가 되었습니다. 여름은 참으로 위대했습니다.

해시계 위에 당신의 그림자를 드리우시고 들판 위엔 바람을 놓아 주십시오.

마지막 열매들이 영글도록 명하시어 그들에게 이틀만 더 남국의 따뜻한 날을 베푸시고 완성으로 이끄시어 무거운 포도송이에 마지막 단맛을 넣어주십시오.

지금 집이 없는 사람은 더는 집을 짓지 않습니다.

지금 혼자인 사람은 오래도록 혼자로 남아 깨어나, 읽고, 긴 편지를 쓸 것입니다.

그러다가 나뭇잎 떨어져 뒹굴면 가로수 길을 이리저리 불안스레 방황할 것입니다."

라이너 마리아 릴케의 시 '가을날'은 가을보다 더 가을색이 완연합니다. 사람은 때로 혼자 외로운 시간을 견디며 결실을 향해 나아가야 합니다. 가로수 길을 불안스레 방황해야 합니다.

릴케의 '가을날'은 인생의 가을을 돌아보게 합니다. 나의 인생은 지금 어느 지점에서 어떻게 익어가고 있을까. 자신에게 묻고 스스로 심판해야 할 가을날입니다.

잃어버린 청춘

청춘과 잃어버린 시간은 다시 오지 않지만, 일은 시간이 해결해 줄 때도 있다.

흘러가는 시간 중 기회는 언제 올 지 모르니, 자기계발을 게을리 해서는 절대로 안 된다. 열공은 청춘시대의 의무이다.

누구나 사람답게 살기위해서는 적극적인 도전의 정신으로 자기 자신의 힘을 길러야 한다.

좋은 책을 많이 읽고, 열심히 공부하면 아는 것이 많아지고 견문과 지혜의 힘이 생기고 능력이 있을수록 인간성도 좋아진다. 힘들어도 한 번은 독하게 공부에 몰입하고 미쳐야 성공한다.

'시작이 절반이다'는 말처럼, 일단 해보는 것이 안 하는 것보다는 낫다. **"청춘과 잃어버린 시간은 다시 오지 않는다."**는 독일의 속담처럼, 시간의 소중함을 알아야 승리할 수 있다.

단 한번 뿐인 인생을 즐겁게 생활하라. 오늘 할 일을 내일로 미루지 마라. 1초, 1분, 1점, 1%가 승부를 결정한다.

10대에 가졌던 꿈과 희망의 가능성과 기대가 20대에 많이 없어지고, 허무와 상실감으로 욕구불만의 심한 상처를 입기도 하고 삶의 의욕을 잃기도 하지만, 포기하지만 않는다면 더 강해져서 다시 일어설 수 있다. 청춘은 아름답다.

또한 국가는 젊은이들이 멋지게 일어서도록 충분히 지원하고 이끌러 줄 의무와 책무가 있다.

행운이란 무엇인가? 결국 좋은 인연이다.

행운은 하늘이 내려주는 것이 아니라 자신이 만들어가는 것이다. 남을 욕하지 말고, 자신을 비하하지도 말라.

너의 성공은 너의 마음에 달려있다
Your Success is all in the mind.

"

모든 일은 때가 있으며,
기회를 놓치면 힘들다.
"세 살 버릇이 여든까지 간다."는
속담처럼, 습관은 중요하다.

시간時間과 기회機會는
우리를 기다려 주지 않는다.
인생人生은 시간여행이다.

"

극복 克服

사치는 분수를 지킴으로써 극복할 수 있고
쪼들림은 절약을 함으로써 극복할 수 있다.

싸움은 한발 물러섬으로써 극복할 수 있고
원한은 먼저 용서함으로써 극복할 수 있다.

오해는 진실을 털어놓음으로써 극복할 수 있고
서운함은 입장을 바꿔봄으로써 극복할 수 있다.

잘못은 솔직히 시인함으로써 극복할 수 있고
억지는 대꾸하지 않음으로써 극복할 수 있다.

미움은 사랑을 쏟음으로써 극복할 수 있고
인색함은 나누어 줌으로써 극복할 수 있다.

스트레스는 휴식을 취함으로써 극복할 수 있고
질병은 제때에 치료받음으로써 극복할 수 있다.

불만은 공평하게 대함으로써 극복할 수 있고
폭력은 부드럽게 대함으로써 극복할 수 있다.

죄는 벌罰을 받음으로써 극복할 수 있고
뇌물은 사심을 버림으로써 극복할 수 있다.

교만은 자기를 낮춤으로써 극복할 수 있고
착각은 처지를 살핌으로써 극복할 수 있다.

고통은 집착을 버림으로써 극복할 수 있고
욕심은 마음을 비움으로써 극복할 수 있다.

불의는 대도를 걸음으로써 극복할 수 있고
갈등은 결단을 내림으로써 극복할 수 있다.

항상 좋은 책을 보면 빨리 읽어야 합니다.
그렇지 않으면 전혀 그 책을 읽을 기회를 얻지 못 할지도 모릅니다.

젊은이여, 여행을 떠나라

백번 듣는 것보다 한 번 보는 것이 낫다.

백문불여일견百聞不如一見이다.

집 나가면 고생이지만, 보고 배우게 된다.

여행 계획을 세우고 실천해야 한다.

오늘의 급변하는 삶의 희로애락喜怒哀樂과 투쟁의 생활 속에서 지혜롭게 행운과 행복을 위해 살고, 즐거운 마음으로 배우면서 살아가기 위해서는 여행을 해야 한다.

적극적으로 몸으로 부딪쳐서 머리로 깨우치고 판단하고 실행하는 인생의 출발점인 2030대는 꿈이 있는 인생의 황금기이다.

지금 현재가 중요하다.

꿈과 호기심을 가지고 살아가는 사람은 절대 흔들리지 않고, 자연스럽게 많이 보고 배우기 때문에 상식도 생기고 경험을 통해 지식을 뛰어넘은 지혜까지 생겨난다.

삶이나 여행이 힘들어도 생각하는 힘이 생기고, 인내심과 도전정신이 생긴다. 한·중·일 3국은 매년 1,000만 명이 넘는 방문객이 서로 교류하니 국제평화에도 노력해야 한다.

한국교육 무엇이 문제인가

초, 중, 고, 대학 시절 16년 동안 공부, 공부, 공부만 강조한다.

물론 공부는 매우 중요하지만, 더욱 중요한 것은 교양미 넘치는 풍요로운 인간미를 갖추는 것이다.

10대, 20대에 친구들과 경쟁하고 싸우고 서로 시기하고 불신하는 치열함과 냉정함만 배우다 보니 습관이 되어 서로 불신하고 배신하고, 죽을 때가 되어도 친구나 이웃을 적대시하는 사회공동체를 깨는 나쁜 버릇이 생긴 것 같다.

이와 같은 현상은 초, 중, 고 대학시절의 학교 교육이 인성교양교육이나 절대 평가가 아닌 비인간적인 교육이나 상대평가를 중시하는데서 오는 크나큰 폐단이다. 시험의 압박과 긴장으로 머리가 아프고 배가 아프고 스트레스, 우울증으로 자살까지 한다.

젊은 시절 16년 동안의 학교교육은 정말 지옥교육 훈련인데 남자들은 또 2년 동안 군대 교육을 강제로 억지로 받아야 하니 대한민국은 누가 봐도 잘못된 교육만 하는 지옥 같은 후진국임에는 틀림없다.

하루빨리 서로를 불신하고 적대시하는 학교교육은 상대평가의 치졸한 경쟁교육에서 벗어나 기초교양교육과 인간성 교육을 않고서는, 관대한 선진국이 될 수도 없지만, 선진국이 되더라도 한국인들이 세계로부터 존경받을 수 없으므로 인성교육을 해야 한다.

자신의 꿈과 희망

지라우드 아우베스의 『시간을 갖고 노는 아이』처럼, "예전에는 못 말리는 장난꾸러기 아이가 시간을 이용하는 방법을 깨달은 후에 아이는 누가 시키지 않아도 자기가 할 일을 잘 하여 모두에게 많은 사랑을 받으면서 아주 좋은 어른이 되었다."는 이야기의 주인공이 여러분은 되고 싶을 것이다.

자신의 꿈과 힘을 이루기 위해서 우리는 매일 공부하고, 새로운 것을 배우고 있는 것이다. 취업, 학업, 돈 때문에 포기하면 내일은 없다.

공부 할 때는 집중해서 공부하는 습관을 기르고, 놀 때는 즐겁게 노는 좋은 습관을 기르자! 내 꿈과 희망을 이루기 위해서는 있는 힘을 다해 집중하는 힘을 길러야 한다.

성공의 조건은 첫째, "할 수 있다"는 자신감이다. 책을 큰 소리로 여러 번 읽으면 자신감이 생긴다. "책 속에 길이 있다"는 말처럼 책 속에서는 지식과 지혜를 얻을 수 있다.

둘째, 계획을 실천하는 인내심이 필요하다. 오늘 할 일을 내일로 미루지 말자. 어려움을 참고 견디는 인내심을 길러야 한다.

셋째, 반복해서 연습하는 습관이 중요하다. 일을 시작하기 전에는 계획을 세우고 일이 끝난 후에는 반성을 갖는 습관이 필요하다.

넷째, 리더십과 배려하는 마음을 길러야 세상에 필요한 리더가 되고 남을 배려하는 좋은 사람이 될 수 있다.

청년 시절은 9988의 100세 시대에 비교하면, 아침 9시에 불과하다.

취업준비도 중요하지만, 꿈을 키우고 세계로 진출하는 힘을 길러야 한다. 2030대에는 자립심을 길러야 한다. 언제까지 부모님께 용돈과 생활비를 받으면서 리더가 될 수 있을까? 알바를 하면서 눈물을 흘려본 사람이 더욱 강하고 똑똑하게 성장한다.

1911년에 태어나서 100세가 넘어도 현역의사로 일해 온 히노하라 시게아키日野原重明 원장이 106세로 세상을 떠났다. 그는 건강과 장수, 생명과 평화의 소중함을 강연이나 에세이로 호소해왔다. 1915년에 태어난 구당 김남수(102세)옹은 무면허로 불법 침, 뜸 시술을 한다면서 고소당해 미국, 중국 일본 등에서 강연과 시술을 하였다. 2016년 8월 10일 대법원이 침·뜸 평생교육원의 설립을 허가했다.

목마른 자들이여! 모두 이리로 와라.
여기에 물이 있다. 물을 마시고 힘을 내자!

내가 행복하게 살아갈 날들을 위해 지금 공부하자!
내일 후회하고 절망하지 않도록, 오늘, 지금 힘을 내서 노력하자!!
오늘 포기하고 노력하지 않으면, 내일의 희망과 목표가 보이질 않는다. 좋은 습관 1%가 인생을 바꾼다는 사실을 명심하자!

30대 정품시대

　30대를 정품시대라고 하듯이 자신감을 가지고 일에 도전하는 강인한 세대이면서도, 좋은 직장도 가져야 하지만, 회사일과 가족을 함께 돌봐야하니 운運이 나쁘면 실패하기도 쉬운 힘든 세대가 30대이기도 하다.

　인생의 제2의 출발이요 인륜지대사人倫至大事인 결혼結婚도 해야 하고, 아이도 기르고, 인생에서 성공적으로 모범적으로 살아가야 하는 책임도 있고, 상대방을 서로 존경하고 아끼고 사랑해야하는 의무도 있다.

　인간성과 전문성을 겸비해야하며, 과감한 결단과 꼼꼼한 준비 등, 아버지의 지혜가 곧 필요해질 시기이다. 자신의 인생을 와신상담臥薪嘗膽하면서 이모작하여야 할 시기이다.

　항상 좋은 일을 상상하고, 인생을 노래하면 행운이 깃든다.

　이 세상은 강자強者만이 살아남는다. 그리고 30대의 강함은 그동안 쌓아온 지식과 경험에서 나온다.

　사람의 인품과 능력을 평가하는 4대 기준으로 '신언서판身言書判'이라 하여 몸가짐과 말, 서예書藝와 판단력 등을 말하고 있다. 30대부터는 명품인생이 되도록 힘쓰자.

　모든 지식의 근본은 자기 자신을 아는 것이다.

📖 2030대에 꼭 해야 할 일

1. 큰 뜻을 향해 용기 있게 뛰어야 산다.

2. 5년, 10년 후의 내일을 생각하라.

3. 매일 국제무대로 눈을 돌려라.

4. 경험과 지식을 쌓아라.

5. 창의력과 자신감을 가져라.

6. 항상 자신과 가족을 생각하라.

7. 책을 많이 읽고 자신의 힘을 기르라.

8. 실패해도 포기하지 말고 일어서라.

9. 자신의 개성을 발휘하라.

10. 지(智)·덕(德)·체(體)를 연마하라.

결혼結婚이란

　진실로 서로 아끼고 돕고 운명을 바꿀 수 있는 참사랑을 할 수 있다면, 결혼해서 인생의 새로운 제2 출발을 하는 것이 참으로 행복한 행운일 것이다.

　진정한 약속과 믿음, 사랑과 우정으로 서로를 믿고 이해 해줄 사람, 서로의 백기사나 수호천사가 필요하다.

　결혼은 새로운 인생의 출발점이요 만남의 시작이다.

　결혼은 하늘이 돕고 자신이 선택한 것이다.

　예의를 지키고 겸손한 모습으로 기쁠 때나 슬플 때도 함께하고, 아플 때나 건강 할 때도 함께하는 친구 같은 부부로서의 책임과 의무가 있다.

　그러나 외로움 때문에 결혼하고, 슬픔도 노여움도 없이 살아가는 사람은 상대를 사랑할 자격이 없다.

　부부싸움은 자기의 결점을 모르고 상대방의 장점을 이해하지 못하기 때문에 생기는 것이다. 상대를 존경하지 않고 무시하는 부주의한 말 한마디의 막말은 가정을 파탄낸다. "말이 씨가 된다."는 옛말을 기억하고, 말을 조심하자.

　오늘의 선택이 내일의 나를 만든다.

인간은 40세가 지나면 상대방보다는 자신의 습관과 결혼해 버리게 된다고 한다.

남자는 자기가 느끼는 만큼 늙어가고, 여자는 겉으로 보이는 만큼 늙는다고도 한다.

친구관계, 부부관계 모두 상대방의 명예나 자존심에 상처를 주면 인간관계는 실패한다. 항상 상대방의 입장에서 생각하고 언동해야 상대방도 받아들일 것이다.

결혼을 생각하는 청춘들에게 평범하지만 의미있는 이 주례사를 한 번 읽어보기를 권한다.

결혼의 주례

여기 두 사람은 오늘이 있기까지 부모님께 효도하고, 형제간에 우애 있고, 서로 사랑하고 비가 오나 눈이 오나, 기쁠 때나 슬플 때도 병들어 괴롭고 힘들 때도, 서로 돕고 이해하며 영원히 변하지 말고, 검은머리가 흰머리 되도록 서로 사랑하고 존경하겠습니까? 신이 인간에게 2개의 귀와 1개의 입을 준 것은 말하는 것보다 2배로 들을 필요가 있기 때문입니다.

삶이 고통스럽고, 두렵고 힘들더라도 사랑으로 용서하고 지혜롭게 다스려서 행복한 가정을 이루어야 합니다.

사람은 누구나 언제든지 사랑을 기다리고, 사랑을 할수록 힘이 나는 것입니다. 젊어서는 사랑하기 위해 살지만, 나이가 들면 살기 위해 사랑한다. 서로 사랑하여 아들, 딸 많이 낳고 행복하게 살아갈 수 있길 기원합니다.

오늘 이 두 사람이 큰 사랑으로 새롭게 태어나서 크게 발전할 수 있
도록 모두가 축복해 주시는 가운데 결혼식을 하게 되었습니다. 기쁜 마
음으로 힘찬 출발과 행복을 기원합니다.

사랑 받고 싶다면, 사랑하라.
그리고 사랑스럽게 행동하라.
If you would be loved,
love and be lovable.   벤자민 프랭클린

항상 즐거운 마음으로, 긍정적인 생각으로, 주변 환경에 적응하면
서 성실히 노력하면 누구나 좋은 기회가 찾아와서 인생이 즐겁고
행복해 집니다.

모란이 피기까지는

김영랑

모란이 피기까지는
나는 아직 나의 봄을 기다리고 있을 테요.
모란이 뚝뚝 떨어져 버린 날
나는 비로소 봄을 여읜 설움에 잠길 테요.
오월 어느 날, 그 하루 무덥던 날,
떨어져 누운 꽃잎마저 시들어 버리고는
천지에 모란은 자취도 없어지고,
뻗쳐 오르던 내 보람 서운케 무너졌느니
모란이 지고 말면 그뿐, 내 한 해는 다 가고 말아.
삼백 예순 날 하냥 섭섭해 우옵내다.
모란이 피기까지는,
나는 아직 기다리고 있을 테요, 찬란한 슬픔의 봄을

* 김영랑金永郎 시인이 1934년에〈문학〉에 발표한 자유시. 서정시. 순수
  시이며, 성격은 유미적, 탐미적, 여성적, 상징적이며, 주제는 소망
  과 기다림의 자세를 노래했다.
  봄과 모란을 비유한 역설적 표현과 여성적인 섬세하고 부드러움을
  표현한 시이다.

청춘 시대

밝은 내일의 건강과 행복을 위해서 명심하자.
오늘의 고민과 온갖 유혹에 절대 굴복하지 말자.
내일의 참삶과 멋진 인생을 위해서 꿈을 품자.
오늘도 젊은이답게 웃으면서 최선을 다해보자.
자기 자신의 장래와 직업 선택의 힘을 기르자.

오늘도 스스로 준비하고 책임져야 하지만,
자신의 미래에 아름다운 성공을 위해서 뛰자.
오늘도 자기혁명에 젊음을 모두 불태우리라.
청춘 시대에 꿈꾸는 행복한 인생을 위해서
오늘도 즐거운 인생을 노래하며 춤추노라.

어떻게 인생을 살아갈 것인가?
긍정적이고 적극적인 사고의식을 가져야 성공확률이 높다.
폐쇄적이고 편협한 소인小人이 되어서는 안 된다. 공자의 『논어』에
"세 사람이 길을 가면, 그 중에 스승이 있다."라는 말처럼,
세상을 둥글게 화합하며 살아야 행복하다.

청 춘

"청춘이란 인생의 어떤 기간이 아니라 마음가짐의 상태를 말한다.
장미 빛의 용모, 붉은 입술, 나긋나긋한 손발의 모습이 아니라
강인한 의지, 풍부한 상상력, 불타오르는 정열을 가리킨다.
청춘이란 인생의 깊은 샘의 청신함을 말한다.
청춘이란 두려움을 물리치는 용기이다.
때로는 20세 청년보다도 60세 노인에게 청춘이 있다.
나이를 더해 가는 것만으로 사람이 늙는 것은 아니다.
꿈과 이상을 잃어버렸을 때 비로소 늙기 시작한다.
세월은 피부에 주름살을 늘려가지만 열정을 잃으면 마음이 시든다.
고뇌, 공포, 실망에 의해서 기력이 없어질 때, 정신은 먼지가 된다.
70세든 16세든 인간의 가슴속에는 놀라움에 이끌리는 마음이 있다,
어린애와 같은 미지에 대한 탐구심, 인생에 대한 기쁨과 열망이 있다.
그대에게도 나에게도 마음의 눈에 보이지 않는 우체국이 있다.
인간과 하느님으로부터 아름다움, 희망, 기쁨, 용기의 힘을 얻는다
이 모든 것을 간직하고 있는 한, 언제까지나 그대는 젊음을 유지할
수 있다.
영감이 끊기고, 정신이 차가운 눈에 덮이고, 탄식이란 얼음에 갇힌

사람은 비록 나이가 20살이라 하더라도 이미 늙은이와 다름없다.

머리를 높이 들고 희망이란 파도를 탈 수 있는 사람은,

그대가 80살일지라도 영원한 청춘의 소유자로 남는다."

'청춘의 시' 하면, 역시 미국의 시인 사무엘 울만의 '청춘' 이 생각난다.

인생의 나이는 숫자에 불과하다. 무엇을 이루기 위해 시작하는 그 시간은 언제나 자기 곁에 있음을 알고 지금 시작하자. 시작할 수 있는 용기가 필요할 때 청춘이 있다.

한번 가면 다시 오지 않는 아름다운 내 청춘이 다 지나가기 전에 앞으로 나아가자.

인생의 오르막길과 내리막길에서 용기 있는 결단력과 지혜롭고 아름다운 모습으로 살자. 오늘은 오늘 일만 생각하라.

올바른 성품과 깨끗한 마음으로 사소한 것에 얽매이지 말고, 배려하고 관용으로 슬기롭게 대처하는 지혜가 필요하다. 명상과 웃음으로 용서하고 마음의 힘을 길러야한다.

사색의 시간을 가지고 예절바른 언동으로 시기와 질투심을 버리고 자신의 힘을 길러라. 1030 청춘시대에는 자기 자신을 사랑하고, 가족과 이웃을 이해하고, 지혜롭고 재치있게 세상을 즐겁게 살아가야 한다.

속담과 생활

속담은 옛 사람들의 생각과 지혜와 교훈이 담겨 있어서 우리에게 가르침을 준다.

1. **가는 날이 장날이다.** : 생각하지 않은 일이 우연히 잘 들어맞았을 때 쓰는 말이다.

2. **가는 말이 고와야 오는 말이 곱다.** : 내가 남에게 좋게 해야 남도 내게 잘 한다는 뜻이다.

3. **가랑비에 옷 젖는 줄 모른다.** : 조금씩 비를 맞아 자신도 모르게 젖어가는 것처럼 사소한 것이 쌓여 점점 커진다는 사실을 깨닫지 못한다는 뜻이다.

4. **개구리 올챙이 적 생각을 못한다.** : 자기의 지위가 높아지면 과거의 생각을 못한다는 뜻이다.

5. **가재는 게 편이라.** : 형편이 비슷하고 관계있는 것끼리 서로 편이 된다는 말이다. 類類相從 유유상종

6. 가지 많은 나무에 바람 잘 날 없다. : 자식 많은 사람은
   걱정이 떠날 날이 없다는 뜻이다.

7. 간에 가 붙고 쓸개에 가 붙는다. : 이로운 일이라면 체면
   을 어기고 아첨한다는 뜻이다. 朝三暮四조삼모사

8. 간에 기별도 안 간다. : 음식을 조금밖에 먹지 못해 양이 차
   지 않을 때 쓰는 말이다.

9. 개밥에 도토리 : 여러 가지 속에 어울리지 못하는 사람을 뜻
   하는 말이다.

10. 싼 것이 비지떡 : 어떤 물건이건 값이 싸면 품질이 별로 좋
    지 않다는 뜻이다.

11. 꿩 먹고 알 먹기 : 한 가지 일을 하여 두 가지 이익을 본다는
    뜻이다.

12. 낫 놓고 기역자도 모른다. : 아무것도 모르는 무식한 사
    람을 두고 하는 말이다.

13. 내 코가 석 자 : 자기 형편이 급해서 남의 사정까지 돌볼 수
    가 없다는 말이다.

14. 돌다리도 두들겨 보고 건너라. : 잘 아는 일이라도 조심
    하여 실수 없게 하라는 뜻이다. 有備無患유비무환

☞ 참삶의 좌우명 座右銘

1. 인仁을 베풀고, 덕德을 쌓으면 존경과 사랑을 받게 될 것이다.

2. 술과 재물財物을 멀리하고, 사람을 존중하고 사랑하라.

3. 친구와 이웃은 적당히 가려서 사귀고 도와주어야 한다.

4. 사랑과 증오는 한 뿌리이며, 사랑과 부귀영화도 한 순간이다.

5. 사람을 미워하거나 시기猜忌하는 마음을 갖지 말라.

6. 옷차림은 단정하고, 항상 부지런하고 아껴 써야 한다.

7. 예의禮儀바르고, 겸손하고 화목和睦하게 행동하라.

8. 소인배처럼 아첨하거나 욕심慾心을 부리지 마라.

9. 말은 심사숙고深思熟考 하고, 진실하고 믿음이 있어야 한다.

10. 인간의 속성인 이기심利己心을 버리면 성인聖人이 된다.

11. 음식은 반드시 적당히 절제節制하고 삼가라.

12. 남녀의 정情은 욕망이 되지 않도록 절제하라.

13. 글씨도 바르게 쓰고, 언행言行을 점잖게 해야 한다.

14. 모든 일에는 신중하고, 계획計劃과 노력이 필요하다.

15. 남을 헐뜯지 말고, 용서하고 마음을 올바르게 써라.

재미있는 사자성어四字成語

苦盡甘來(고진감래):　　　고생이 다하면 즐거움이 온다.

甘呑苦吐(감탄고토):　　　비위에 맞으면 좋고 안 맞으면 싫어 함.

甘言利說(감언이설):　　　남의 비위에 맞게 달콤한 말로 꾀임.

甲論乙駁(갑론을박):　　　자기주장만 하고 남의 주장은 반박함.

甲男乙女(갑남을녀):　　　이름 없는 평범한 사람들.

見物生心(견물생심):　　　물건을 보면 욕심이 생긴다.

群鷄一鶴(군계일학):　　　평범한 사람 가운데서 뛰어난 사람.

勸善懲惡(권선징악):　　　착한 행동을 권장하고 악한 행동을 징계함.

錦上添花(금상첨화):　　　좋은 일이 겹친다.

錦衣還鄕(금의환향):　　　출세하여 고향에 돌아옴.

敬天愛人(경천애인):　　　하늘을 공경하고 사람을 사랑하라.

樂善不倦(낙선불권):　　　선을 즐기는 사람은 권태롭지 않다.

大器晚成(대기만성): 크게 될 사람은 서서히 이루어진다.

獨不將軍(독불장군): 혼자서는 장군이 못 된다.

明若觀火(명약관화): 불을 보는 것처럼 밝음.

背恩忘德(배은망덕): 은혜를 저버리는 것.

砂上樓閣(사상누각): 기초가 튼튼치 못하여 오래가지 못함.

事必歸正(사필귀정): 무슨 일이든 결국 옳은 이치대로 돌아감.

塞翁之馬(새옹지마): 세상일은 복이 될지 화가 될지 모름.

十匙一飯(십시일반): 여러 사람이 한 사람 돕기는 쉽다.

熟廬斷行(숙려단행): 충분히 생각한 후에 실행하라.

我田引水(아전인수): 자기에게 이로운 대로만 한다.

安貧樂道(안빈낙도): 가난함에도 편한 마음으로 도를 즐김.

主客顚倒(주객전도): 주인과 손님의 입장이 뒤바뀜.

晝耕夜讀(주경야독): 낮에는 일하고 밤에는 책을 읽는다.

匹夫匹婦(필부필부): 보통 남자와 보통 여자.

臥薪嘗膽(와신상담): 뜻을 이루려면 괴로움을 참아야 한다.

1030 청춘 시대에 읽어야 할 좋은 책

가와바타 야스나리『설국雪國』

가재산『성공을 위한 모닝테크』

게오르규『25시』

고도원『당신이 희망입니다』,『꿈 너머 꿈』

공자『논어論語』

괴테『파우스트』,『젊은 베르테르의 슬픔』

구로야나기 테쓰코『창가의 토토』

구로카와 야스마사『아침형 인간』

구본형『세월이 젊음에게』

금나나『나나 너나 할 수 있다』

김난도『아프니까 청춘이다』

김달국『29세까지 반드시 해야 할 일』

김대중『옥중서간』

김부식『삼국사기』

김성호『일본전산이야기』

김수영『멈추지마 다시 꿈부터 써봐』

김열규 외『공부의 즐거움』

김옥림『10대에 꼭 해야 할 32가지』

김인현 외『4개 국어 여행회화』,『10대의 꿈과 희망』

김정구『남도 자전거여행』

김홍식『청춘수업』

나쓰메 소세키『도련님』,『산시로三四郞』

나카타니 아키히로『20대에 하지 않으면 안 될 50가지』

나폴레옹 힐『나의 꿈 나의 인생』

노구치 유키오『초超 공부법』

니시다 후미오『된다, 된다, 나는 된다 』

댄 케네디『아이디어로 백만 장자가 되는 법』

데일 카네기『인간관계론』

도스토옙스키『죄와 벌』,『카라마조프 가의 형제들』

딘 R. 쿤츠『더 비전』

랜디 포시『마지막 강의』

로버트 기요사키『부자 아빠, 가난한 아빠』

론다 번『시크릿』

루스 베네딕트『국화와 칼』

리처드 바크『갈매기의 꿈』

마르셀 프루스트『잃어버린 시간을 위해서』

마르쿠스 아우렐리우스『인생의 법칙』

모리 오가이『무희舞姬』,『청년靑年』

무라카미 하루키『상실의 시대』,『1Q84』1-3

무샤노코지 사네아쓰『우정友情』

박경리『토지』1-10

박원희『공부9단 오기10단』

박현근『가난하다고 꿈조차 가난할 수는 없다』

발타자르 그리시안『세상을 보는 지혜』

법륜『인생수업』

베티 스미스『나를 있게 한 모든 것들』

벤자민 프랭클린『프랭클린 자서전』

빅토르 위고『레미제라블 장발장』

빌 게이츠『인생수업』,『빌 게이츠@ 생각의 속도』

사마천『사기』

사토 에이분『인생의 모든 것은 10대에 결정된다』

생텍쥐페리『어린왕자』

세르반테스『돈키호테』

셰익스피어『로미오와 줄리엣』

손자『손자병법』

송천호『인생에는 마침표가 없다』

숀 코비『성공하는 10대들의 7가지 습관』

스티븐 호킹『시간의 역사』

스펜서 존『누가 내 치즈를 옮겼을까』,『선택』

시바 료타로『료마가 간다』1, 2, 3

시오노 나나미『로마인 이야기』,『또 하나의 로마인 이야기』

신영록『감옥으로부터의 사색』

쑤샨『10대 읽어야 할 좋은 습관 33』

알퐁스 도데『마지막 수업』,『별』

앤서니 라빈스『내 인생을 바꾼 성공노트』

에드워드 패커드『여러분의 모험을 스스로 선택하라』

에모토 마사루『물은 답을 알고 있다』1, 2

에즈라 보걸『네마리의 작은 용』

오바마『담대한 희망』

오토다케 히로타다『오체불만족』

오헨리『마지막 잎새』,『오헨리 단편집』

오히라 미쓰요『그러니까 당신도 살아』

원하오『아버지의 인생노트』

유홍준『나의 문화유산 답사기』시리즈

윤동주『하늘과 바람과 별과 시』

이문열『우리들의 일그러진 영웅』

이상각『인간관계를 열어주는 108가지 따뜻한 이야기』

이외수『청춘불패』

이원복『먼 나라 이웃나라』1-8

이윤기『그리스 로마 신화』

이정춘『천국의 열쇠』

이지성『스무살 절대지지 않기를』,『꿈꾸는 다락방』

일연『삼국유사』

장승수『공부가 가장 쉬웠어요』

장영희『내 생애 단 한번』,『축복』

잭 우드포드『시행착오』

잭 캔필드『영혼을 위한 닭고기 수프』1-3,『내 인생을 바꾼 한 권의 책』

조세희『난장이가 쏘아올린 작은 공』

조엘 오스틴『긍정의 힘』

조정래『태백산맥』1-10,『아리랑』,『정글만리』1-3

지그 지글러『시도하지 않으면 아무 것도 할 수 없다』

지셴린『인생』,『다 지나간다』

차동엽『무지개 원리』

최인호『별들의 고향』,『인연』

칙 센트 미하이『몰입의 즐거움』

카네기『카네기 자서전』

탄 쥐잉『살아있는 동안 꼭 해야 할 49가지』

톨스토이『살아갈 날들을 위한 공부』,『톨스토이의 단편선』

프랑수아 를로르『꾸뻬 씨의 행복여행』

플루타크『영웅전』

필립 체스터필드『사랑하는 애들아 이렇게 살아라』

허브 고헨『협상의 법칙』

헤르만 헤세『인생의 노래 』

헤밍웨이『누구를 위하여 종을 울리나』,『노인과 바다』

홍자명『채근담菜根譚』

홍정욱『7막 7장』

황석영『개밥바라기 별』

히로 사치야『행복의 발견』

히로나카 헤이스케『학문의 즐거움』